中青年经济与管理学者文库

本书由北京知本创业管理咨询有限公司研究项目资助

GAOGUAN NEIWAI SHEHUI ZIBEN XIETONG CHUANGXIN JIZHI YANJIU: JIYU ZHONGGUO SHANGSHI GONGSI QUANWANGLUO

高管内外社会资本协同创新机制研究：基于中国上市公司全网络

朱 丽 著

中国财经出版传媒集团
中国财政经济出版社

图书在版编目（CIP）数据

高管内外社会资本协同创新机制研究：基于中国上市公司全网络／朱丽著．--北京：中国财政经济出版社，2020.10

（中青年经济与管理学者文库）

ISBN 978－7－5223－0022－1

Ⅰ.①高…　Ⅱ.①朱…　Ⅲ.①企业领导－社会资本－影响－企业创新－研究－中国　Ⅳ.①F279.23

中国版本图书馆 CIP 数据核字（2020）第 170225 号

责任编辑：潘　飞　　　　责任校对：李　丽

封面设计：智点创意

中国财政经济出版社 出版

URL：http：//www.cfeph.cn

E－mail：cfeph @ cfemg.cn

社址：北京市海淀区阜成路甲 28 号　邮政编码：100142

营销中心电话：010－88191537

北京富生印刷厂印刷　各地新华书店经销

880×1230 毫米　32 开　7.625 印张　172 000 字

2020 年 10 月第 1 版　2020 年 10 月北京第 1 次印刷

定价：36.00 元

ISBN 978－7－5223－0022－1

（图书出现印装问题，本社负责调换）

本社质量投诉电话：010－88190744

打击盗版举报热线：010－88191661　QQ：2242791300

策划人语

题记：一个人的精神成长史，取决于他的阅读史。只有阅读能最有效地培养精神生活习惯，而好的习惯又培养性格，性格决定人生。

——我们自豪，因为我们就是创造这精神产品的人。

选择了飞翔，总能看到蓝天；选择了远航，总能感受大海。人生不仅要作出选择，也要坚持住自己的选择。学会计、当编辑是我的意外选择。人说编辑是为人作嫁，可是这一选择我坚持了27年，苦在其中，乐在其中，也算是有声有色。每当我把一本本好书呈献给人们的时候，我觉得我是“富贵”的人：富，不是你身上的钱财，而是你心里的满足；贵，不是你地位的显赫，而是你被人需要的程度。

书海探寻，情怀永恒

我要说，做编辑我幸运，因为我不仅是第一个读者，可以对作品“品头论足”，也可以对作品“生杀予夺”；更重要的是，这是一个很高层次的平台，在多年与名家的交往和名著的“对话”中，深深地为他们的人格和才学所感动，被作品的精彩所吸引，这不仅使我“下笔如有神”，更使我的思想和灵魂也受到一次次洗礼和震撼，得到一次次升华。对于我的作者我的书，如数家珍，作者中不乏才学和为人同样过人的多位泰斗和“颜值高责任大”的众多才子佳人；策划的作品不仅立足专业还兼顾人文，也是情怀所在，专业加人文路才会更宽。

多年的体会是，作为一名编辑，起码要“三心二意”，即“责任心、细心、耐心”和“服务意识、创新意识”。要多策划一些有分量的拳头产品，用一个选题推动一个系统工程，用一个系统工程培养一个出版社品牌。给新入职编辑讲座时我做过一个比喻：编辑两项基本功，审稿——甚至要比博导审批学生论文还要全面、细致；选题策划——要像电影导演一样做“星探”，善于发现优秀作者和挖掘好的原创作品。记不得27年来我策划和编辑了多少书，组织和策划了一大批教材、业务培训用书、通俗读物、理论专著等，有的获得过国家、省部级各类奖项，有的以其填补空白、社会热点、风格新颖、开拓尝试等特点受到读者的欢迎。20世纪90年代我开始自主策划选题，多年来每年都有新丛书问世。比如，21世纪初内部控制研究在国内刚兴起时，策划了“现代内部控制丛书”，其中的《企业内部控制管理操作手册》是我鼓励作者将自己饱含心血的经过长期钻研和实践并被证明有效的成果奉献付梓，使更多的人能受益于此，这无疑是对我国内部控制理论探索和实践发展的一种贡献，而内部控制选题至今还是热点。2013年的《来去无尘——一位财政部长的生前事》所展现的吴波精神，与深入推进党风廉政建设相得益彰，得到中央领导同志的高度重视和重要批示。中央各大主流媒体纷纷连续报道，掀起了全社会学习吴波高尚情操的热潮。2014年至今的前沿选题“财务云丛书”等也越来越受到业界认可。

想是问题，做是答案

众所周知，目前的图书出版业在行业竞争和纸质图书受到严重冲击的情况下，出版人无不感到莫大的危机。在这种背景下，策划一套专业图书是颇感困惑的一件事，风险更大。但即使这样我们也不能因噎废食、停滞不前，还要积极应对，继续发挥纸质图书的固有特质，挖掘出版内容和形式都精彩的原创作品，适应新形势下读者的更高需求。2017年，我们接受新的挑战，开启新的征程，又策划了“中青年经济与管理学者文库”“当代税收名家丛书”“中国税务律师系列丛书”“现代管理实务丛书”“高等院校应用型会计人才精细化培养系列教材”等，继续为扶持学术研究和总结最新成果，在高端研究与专业知识普及和应用之间搭建一座座有益的桥梁。

每一个时代的经济环境不同，理论研究和实务探索所需要解决的问题也有所差别。当前我国不仅处于经济结构调整和供给侧改革的攻坚期，同时也处于大数据和互联网突飞猛进的变革期，矛盾叠加，风险交汇，市场环境和组织模式不断演变发展、推陈出新，经济、管理、财税等领域的新理论、新思想、新方法、新工具也层出不穷。乱花渐欲迷人眼，击水三千浪几何？这些领域的研究人员被时代赋予了更艰巨的责任，也面临着更高、更多元的要求，我们不仅要具备更广阔的学术视野，而且要有更严谨的学术思维。

输在犹豫，赢在行动

“中青年经济与管理学者文库”的作者，都是我国经济与管理领域的中坚力量，也是未来的大家。他们中有些人潜心从事理论研究，有些人则深耕在实务一线，但无论现实身份如何，视野全都没有被拘泥在“象牙塔”内。他们从不同视角对市场经济的不同要素进行细致审视，然后汇聚于“财经版”这面旗帜之下，相互碰撞，彼此激荡，力求在市场经济转型升级的关键时期留下最新鲜的“中国印记”。

这些经济与管理领域的中青年学者，就是我国市场经济发展的潜力与优势，他们的研究成果，不仅将引领市场经济的各个组成环节向更科学、更先进的方向发展，而且将成为我国政府和企业在未来经济世界扮演更重要角色的支点与动力。祝愿这些中青年学者能攀上更高的学术之山，走向更远的研究之路，也期待宏观、中观、微观各个层面的市场参与者都能从这套文库中得到切实的启发与指引，在全面深化改革、增强发展活力的关键时期，发挥正能量和积极作用，为经济社会发展增添新的动力！

如果您认可，如果您有意愿，欢迎您和您的朋友加盟我们的作者队伍！在中国财经出版传媒集团的“旗舰”下，中国财政经济出版社这“老字号”，一定励精图治，谱写新的篇章。我们用“龙的精神，玉的品质”来助力您实现梦想！

策划人：樊清玉

邮箱：qingyuf@ sina. com

2017 年春

序

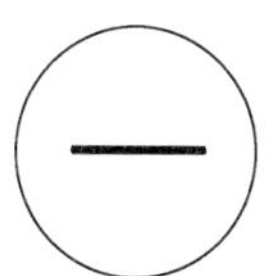

在万众创新的时代背景下，我国不断深化创新驱动发展战略，创新成为保持国家经济增长的重要引擎。从现代创新理论的提出者约瑟夫·熊彼特的观点可知，创新是一个重组的过程，创新是从人、知识和资源的重组中产生的。组织创新通常是在人与人之间，以及人们所携带的思想和资源之间建立新的社会联系进而产生新组合。经济转型时期的一个典型特征是较大的不确定性，在我国处于经济转型时期的特殊背景下，企业内外资本的协同影响与创新的作用日益凸显。如何运用企业内外社会资本共同作用于创新，是应对剧变环境下企业持续发展所需要解决的重要课题。

创新具有高复杂性和不确定性的特点，创新活动需要大量的资源输入，企业受限于内部资源，难以独立应对。因此，21 世纪企业创新成功的关键是，是否建立和维系了有效的网络关系。组织间网络在重组的两个方面都扮演着重要的角色：一方面，外部网络联系是多样化、非冗余知识的来源；另一方面，通过这些联系整合知识流是昂贵的，而通过高管构建的网络关系通过较低成本可以获取多样化、非冗余知识的资源。这两种力量的净效应决定了组织间资源重组过程中新的整合效率。

自20世纪90年代以来，“社会资本”概念在管理学领域开始受到关注，并逐渐演化为研究热点，“社会资本”在技术创新领域的应用，已成为较新的研究课题。网络中蕴含的丰富社会资本是企业获取资源的关键，当前管理学界对社会资本“宏观—微观”的理论研究和实证研究都还比较缺乏，高管社会资本作用于创新的精准衡量尚需深入拓展。朱丽博士这本书是对高管内外社会资本作用于企业创新的初探，在一定程度上丰富了高管内外社会资本、网络优势位置和企业创新成效之间作用机制的研究。

朱丽博士这本书聚焦于研究个人社会资本向企业创新绩效转化机制的逐层拓展，以期对高管层面促进企业创新提供理论依据和实践参考。具体来说，实现了对如下三个问题的逐层解答：企业越来越热衷于聘任知名学者、专家、业界精英等社会名流加入企业高管团队，高薪聘任社会名流成为企业高管的意义何在；高管个人内外社会资本如何协同直接作用于企业创新；企业如何通过高管个人社会资本转化为企业的网络位置优势并作用于企业创新。

该书的贡献和创新之处，主要表现在以下三个方面。

首先，本书厘清并界定了高管内外社会资本的两种形式。现阶段对于个体和企业层面的多层社会资本进行研究时，在衡量“对内社会资本”和“对外社会资本”的过程中，存在混淆替代企业社会资本的问题。本书基于社会资本理论和资源依赖理论，通过建立上市公司连锁董事网络研究，做出了“内粘式”内部社会资本，以及“桥梁式”外部社会资本的界定和拓展。

其次，本书创新性地界定了企业的网络“权力”和网络“声望”。本书将职业“声望”和“权力”引入宏观的企业层面并进行界定，并将其认定为企业在社会网络关系中，基于其所处的网络位置而获得的“声望”和“权力”。本书运用网络“声望”衡量企业在网络关系中获得的荣誉和地位，其区别于“权力”的主要方面在于，“声望”较高的企业在网络关系的维系中能获得更多的信任，“声望”成为企业构建合作关系时的首要参考，而“权力”和控制力相关。

最后，本书探索了高管内外社会资本作用于企业创新的内部机制。将高管内部社会资本从学术资本、海外资本、政府资本、银行资本等多种社会资本，与上市公司全网络中的企业网络“权力”、网络“声望”相结合，实现了将高管内外社会资本协同，从“个体—组织”角度跨层次地对创新机制进行解释，创新性地将高管团队内外社会资本与企业网络优势位置联系起来，协同作用于企业创新成果内在机制。

北京大学国家发展研究院 BiMBA 商学院院长　陈春花

2020 年 8 月 20 日

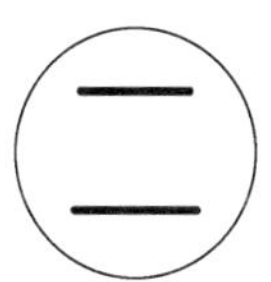

序二

高管团队对企业的创新具有重要的影响，也是创新管理研究的一个新课题。本书作者朱丽自博士阶段以来，一直关注这一领域。本书是她刻苦钻研之后的成果汇总。

本书的一个重要贡献是用社会网络的思想来研究高管团队的网络对企业创新的影响。基于中国上市公司的连锁董事的全数据，朱丽有以下一些重要的发现：第一，高管团队异质性程度对企业创新有重要影响，因为跨行业连接的异质性网络可以推动创新，而通过聘任跨行业的人员进入企业董事会，是企业获得异质性行业资源以服务于创新的便捷途径。第二，高管团队中董事会成员通过把控本行业的和其他行业的创新前沿，以及为企业带来多样化资源，从而为企业提高异质性资源和网络权力向创新能力转化提供智力支持。这也是影响创新的因素之一。第三，在中国情境中，“官本位”的因素也对企业资源的分配产生深远影响，因此，企业应该保证能获得准确的政府政策内涵，在掌握科技前沿和知识创新的核心能力的同时，时刻关注政策指向，在政府导向下实施创新，才能事半功倍。第四，关注了国际化网络的影响，发现高管团队与国际人才建立联系，可使企业与国际精英和企业架起桥梁，并在国际视野中结合国际前沿技术，助力企业掌握未来的发展和创新方向。

我是朱丽在中国科学院大学经济管理学院做博士后的合作导师。朱丽学习勤奋，对学术充满热情，对新知识如饥似渴。本书是她的重要的学习成果，也是创新管理和人力资源管理中一个前沿的研究成果，希望她再接再厉，在学术上不断攀登新高峰。

中国科学院大学

2020 年 8 月 6 日

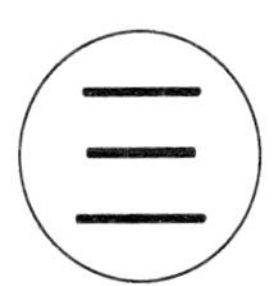

祝贺朱丽博士的著作出版！

管理学是一门实践性学问，我比较重视本书的四个实践意义。

本书的第一个实践意义，是为企业从高管聘任层面获得创新知识和经验支持提供借鉴。企业创新实践高度依赖知识，因此，企业应该重视内部高管学术背景的比例，保证企业拥有创新所需的足够的知识基础和智力支持。现代社会已经进入知识社会，知识、数据、信息及相关的互联网、物联网、云计算、大数据、人工智能以及空间技术和移动技术等的快速进步，正在使知识虽排在人、财、物之后出现却已占据企业经营、管理、资产以至权利的核心地位，不是人多，不是财大，也不是物丰，而是知识产权和知识资产的不断创新和垄断，构成了企业的核心竞争力。一人值千军！一知定天下！

本书还能为企业获取优势网络位置提供人

才聘用的重要参考。人才不仅指知识或技术，还有其网络优势地位。现代社会是个网络连接社会——人与人的社交网络，人与知的搜索网络，知与知的传播网络，人与物的感知网络，物与物的物联网络，人、知、物和金融的价值网络，以及它们形成的虚拟网络世界——特殊的人在其中的优势体现在对资源和信息的获取力和控制力两个方面，拥有“声望”和“权力”的高管人才拥有更高的获取力和控制力，在企业之间创新合作中具有更大的主动权。这就可能影响到企业技术创新路线、成果，以及标准审定的大格局。

为企业获得创新所需异质性资源提供可能的方向选择，是本书的第三个实践意义。因为创建跨行业连接可以为企业带来多样化资源，异质性网络可以推动创新，而通过聘任跨行业的人员进入企业董事会，是企业获得异质性行业资源以助力于创新的便捷途径。确实如此，异质性行业的经历和因此形成的不同思维模式，有助于高管在经营决策过程中进行头脑风暴，促进决策过程的升维思考，在继承的基础上探索新模式。需要注意的是，这可能不见得直接影响本书所使用的专利成果指标，但可能成为影响这个指标的前因变量，比如，形成企业持续技术创新和持续管理变革的机制。同时，这个异质性资源，在企业的核心价值观和战略主航道上则应该是同质性的。

本书的第四个实践意义是，转型经济时期企业对政府社会资本的关注至关重要。这是由于政府在资源配置中仍然拥有较强的控制力，因此企业从高管层面获取政府社会资本，在掌握科技前沿和知识创新的核心能力的同时，在政府导向下实施创新，把企业拥有的政府资源有效“转化”为创新绩效至关重要。进一步说，从现实中看，企业对政府社会资本的重视和研究，不仅仅在于促进企业创新，还要有助于企业在创新过程中避免犯法律、政策甚至政治上的错误，保证企业不掉入创新的陷阱。

希望本书在为学界创新理论观点的同时，能够为企业创造更多的实践价值。

中国人民大学商学院教授　杨　杜

2020 年 8 月 12 日

社会资本是创新的基石（Subramaniam and Yound，2005），基于社会资本理论内部和外部的网络关系，都可能为网络行动者提供获取嵌入外部关系网中资源的机会（Li，Lin and Huang，2014）。社会资本在解释经济与社会发展时指出，市场制度在“真空”中无法运行，所以正式制度下的企业绩效，同时依赖于非正式制度中社会资本的作用（赵延东，2003）。

我国处于转型经济时期的特殊背景，企业内外社会资本协同对创新的作用日益凸显。经济转型时期的一个典型特征是较大的不确定性（Walder，1989，1991），这促使企业寻求非正式制度来支持组织目标的实现。在中国经济转型的关键时期，企业将更加得益于重要的社会资本，以弥补市场支持制度的缺失（Peng and Heath，1996）。如何运用内外社会资本共同作用于企业创新，是应对剧变环境下企业持续发展所要解决的重要问题。

尽管熊彼特（1934）强调了创新过程，并将创新描述为组织内部和外部的“行为类型”，但创新组合的基本社会机制仍未得到充分说明（Obstfeld，2005）。创新是一个重组的过程，创新是从人、知识和资源的重组中产生的（Schumpeter，1934；Kogut and Zander，1992），通过这种重组，企业可以发现新的知识点并将其进行整合（Schumpeter，1942；Henderson and Clark，1990；Davis and Eisenhardt，2011）。组织创新通常是在人与人之间，以及人所携带的思想和资源之间建立新的社会联系，从而产生新组合的过程（Obstfeld，2005）。组织间网络在重组的两个方面都扮演着重要的角色（Sarath，Exequiel，2018）。一方面，外部网络联系是多样化、非冗余知识的来源（Burt，1992；Obstfeld，2005）；另一方面，通过这些联系整合知识流是昂贵的（Ahuja，2000；Aral and Van Alstyne，2011），而通过高管构建的网络联系可以较低成本获取多样化、非冗余知识的资源，这两种力量的净效应决定了重组过程中体现的新整合效率（Kaplan and Vakili，2015）。

管理中的一个主要挑战是试图理解、构建和利用个人、团体和组织之间的关系集（社交网络）（Kwon，Rondi，Levin，et al.，2020）。如果重组是创新的关键，那么，社交网络活动可能是人们参与创新的重要预测指标，早期的社交网络文献也非常明确地探索了社交网络与创新之间的联系（Obstfeld，2005；Brown and Duguid，1991；Henderson and Clark，1990；Dougherty，1992；Hargadon，2003）。社会资本对于增强企业雇用人员隐性知识向显性知识转化的共享意愿具有重大贡献（Hau，Kim，Lee and Kim，2013）。随着社会网络研究的发展，这种社会学研究领域的方法对于宏观和微观领域的研究都是适用的（Kilduff and Brass，2010）。

有研究者提出，社会资本在技术创新中的影响已成为一个较新的研究课题（赵延东，2003）。“社会资本”概念的引入和社会网络架构的“宏观—微观”桥梁，为研究“个人—组织”创新的内部机制开辟了一种新的解决途径。在“新经济”时代创新更多借助合作的网络来实现，个人和组织间的“社会资本”也必然成为创新的一个重要影响因素。现阶段对于个体和企业层面的多层社会资本研究尚存在一定局限性，人们衡量“对内社会资本”和“对外社会资本”时，有用个人社会资本混淆替代企业社会资本的问题（Shipilov，2006）。也有学者通过企业高管是否在政府机关任职、是否有过跨行业的工作经验和领导经历、社会交往的广泛程度等指标来衡量企业的社会资本（边燕杰、丘海雄，2000）。虽然这种替代方式为研究的可操作性提供了便利和可能，但是仍然存在着混淆个人和企业两个层面的社会资本问题，只是彼此进行简单替代，并不能厘清两者之间的关系和对创新作用的内在逻辑。

21 世纪，网络成为企业创新的关键（Rycroft and Kash，1999），网络中蕴含的丰富社会资本也成为一种优势的隐喻（Burt，1992）。“社会资本”的概念自从被引入学术领域后，表现了强大的解释能力，因此，受到越来越多的关注和学者的青睐。高管由于其特殊的组织职位，其测量和界定呈现了多层次和多样化的特征，且基于企业边界的内外社会资本界定，以及内外资本的协同作用，成为研究者较为关注的对象。企业越来越热衷于聘任知名学者、专家、业界精英等社会名流加入企业高管团队，高薪聘任社会名流成为企业高管的意义何在？高管个人内外社会资本如何协同作用于企业创新？企业如何在网络关系中使高管个人社会资本高效转化为企业的优势，并作用于企业创新？

基于以上几个问题，本书将拓展高管社会资本的“内外”

认定，创新性界定企业网络“权力”和“声望”，这有助于探索高管社会资本如何内化为企业社会资本，并作用于创新绩效的内部机制，对双重社会资本如何作用于创新的研究，具有重要的理论和实践价值。

1. 理论价值

首先，我们厘清并界定了高管内外社会资本的两种形式。Adler和Kwon（2002）认为，“内部社会资本”的主要功能是形成了行动者的内部关系，从而提升集体行动水平，而“外部社会资本”是行动者和外在社会关系的体现，主要功能是获取外部资源。基于此，本书提出高管社会资本存在两种形式——“内粘式”和“桥梁式”，本书将以上两种划分进行结合，认为“内部社会资本”的功能主要是“内粘式”，体现在对内部成员形成共享的价值观，以及较强的内部联系能力，是因内部较好的关联关系而带来企业内部资源总和。而“外部社会资本”是“桥梁式”功能，体现在高管成员和组织外机构或组织关联，而带给企业外部社会资源的总和。

其次，创新性界定了企业的“声望”和“权力”的网络资源。社会分层研究中，权力、财富和声望是3种不同的社会资源，且“声望”和“权力”存在着相互独立性（尉建文、赵延东，2011）。本书将职业“声望”和“权力”引入宏观的企业层面并进行界定，并将其认定为企业在社会网络关系中，基于其所处的网络位置而获得的“声望”和“权力”。本书运用网络“声望”衡量企业在网络关系中获得的荣誉和地位，其区别于“权力”的主要方面在于，“声望”较高的企业在网络关系的维系中能获得更多的信任，“声望”成为企业构建合作关系时的首要参考，而“权力”和控制力相关。

再次，探索了高管内外社会资本作用于企业创新的内部机制。

数字化时代的创新更多的是协同企业资源的整体性创新，高管个人的经历和知识储备对于创新的方向把控，以及与高管个人丰富的社会资本相结合，对于企业层面创新的作用不言而喻。关于企业如何将高管社会资本转化为企业的网络优势，并最终形成现在企业绩效上的内部机制，现有文献鲜有涉及。通过以上研究回顾我们发现，尚不存在对“高管社会资本—企业社会资本—企业创新”的系统性分析。本书的目的是将“社会资本”的研究超越“概念伞”（Adler and Kwon，2002），通过厘清个人社会资本向企业转化的过程，进而探索高管内外社会资本促进企业创新的内部机制。

最后，运用社会网络中的网络优势位置，构建了社会资本理论和资源依赖理论的桥梁。资源依赖理论不仅强调了企业对环境的适应性，还认为企业试图积极按照自身的优势来控制环境，而非环境的被动接受者（吴小节、杨书燕、汪秀琼，2015）。资源，特别是关键性资源，是决定企业间关系的重要因素（马永斌，2010），而企业间的社会资本不为任何企业所拥有，如果企业所处的网络位置具有一定的控制力优势，就可以获得更多有关技术创新的流动信息（高太山、柳卸林，2016）。这可以为企业获得网络关系中蕴含的社会资本提供便捷的途径和可能，进而使企业从被动的“接受者”，向拥有资源获取主动权的“控制者”转变。

2. 实践意义

第一，为企业从高管聘任层面获得创新知识和经验支持提供借鉴。企业创新实践高度依赖知识（边燕杰、李煜，2001），而拥有学术权威地位的人员已成为企业竞相追逐的对象。企业聘任拥有学术背景的人员为企业高管，不仅可以架构企业通往“无形学院”的直通车，还为企业把握创新的趋势和发展提供帮助。因此，企业应该重视内部高管学术背景的比例，保证企业拥有创新所需的足够知识基础和智力支持。

第二，为企业获取优势网络位置提供人才聘用的重要参考。网络优势地位体现在对资源和信息的获取和控制力两个方面，拥有“声望”和“权力”的企业具有网络关系的控制力，不仅可以保障自身资源的获取，还能控制资源和信息的流向，在企业之间创新合作中具有更大的主动权，因此，企业在进行高管人才聘用的过程中，应该注重优势地位的获得和培养。

第三，为企业获得创新所需的异质性资源提供可能的方向选择。创建跨行业连接可以为企业带来多样化资源，异质性网络可以推动创新，而通过聘任跨行业的人员进入企业董事会，是企业获得异质性行业资源并服务于创新的便捷途径。因此，企业在跨行业进行董事会成员选聘时，要重视董事会成员对于本行业和其他行业的创新前沿的把控，以及能为企业带来的多样化资源，从而为企业提高异质性资源和网络权力向创新绩效转化提供智力支持。

第四，转型经济时期政府社会资本的关注至关重要。我国正处于经济转型时期，政府在资源配置中仍然拥有绝对的控制力，而“官本位”的因素（尉建文、赵延东，2011）对资源的分配产生深远影响，政府资源是否有效“转化”为自身创新绩效至关重要。因此，企业从高管层面获取政府社会资本，在掌握科技前沿和知识创新的核心能力的同时，还需要在政府导向下实施创新才能事半功倍（尉建文、赵延东，2011）。

综上所述，本书系统围绕高管内外社会资本协同促进企业创新绩效的主题，创新性地探索个人社会资本到企业创新绩效转化的内在机制。具体而言，本书通过构建中国上市公司全网络，研究“高管内外社会资本—企业创新绩效”和“高管内外社会资本—企业社会资本—企业创新绩效”，进行个人社会资本向企业创新绩效转化机制的逐层拓展，为高管层面促进企业创新提供了理论依据和实践参考。

目　录

第 1 章　绪论 …………………………………………………… (1)
1.1　选题背景 ……………………………………………………… (1)
1.2　基本概念的界定 ……………………………………………… (5)
1.3　研究内容 ……………………………………………………… (9)
1.4　研究方法 ……………………………………………………… (12)

第 2 章　理论基础和文献综述 ………………………………… (18)
2.1　社会资本理论 ………………………………………………… (18)
2.2　网络嵌入理论 ………………………………………………… (22)
2.3　连锁董事文献综述 …………………………………………… (30)

第 3 章　企业创新投入、高管团队多样性与企业创新 …… (51)
3.1　相关研究概述 ………………………………………………… (51)
3.2　文献回顾与研究假设 ………………………………………… (53)
3.3　研究设计与样本选择 ………………………………………… (59)
3.4　回归分析与假设检验 ………………………………………… (62)

3.5 本章小结 …………………………………… (71)

第4章 高管异质行业连接、网络权力与企业创新 …… (73)
4.1 相关研究概述 ………………………………… (73)
4.2 文献回顾与研究假设 …………………………… (75)
4.3 研究设计与样本选择 …………………………… (84)
4.4 回归分析与假设检验 …………………………… (86)
4.5 本章小结 …………………………………… (93)

第5章 高管学术资本、高管连锁任职与企业创新 …… (96)
5.1 相关研究概述 ………………………………… (96)
5.2 文献回顾与研究假设 …………………………… (99)
5.3 研究设计与样本选择 …………………………… (107)
5.4 回归分析与假设检验 …………………………… (109)
5.5 本章小结 …………………………………… (117)

第6章 高管政府资本、学术资本协同与企业创新 …… (120)
6.1 相关研究概述 ………………………………… (120)
6.2 文献回顾与研究假设 …………………………… (122)
6.3 研究设计与样本选择 …………………………… (133)
6.4 回归分析与假设检验 …………………………… (138)
6.5 本章小结 …………………………………… (145)

第7章 高管海外资本、网络优势位置与企业创新 …… (149)
7.1 相关研究概述 ………………………………… (149)
7.2 文献回顾与研究假设 …………………………… (154)
7.3 研究设计与样本选择 …………………………… (159)

7.4　回归分析与假设检验 …………………………… (162)
7.5　本章小结 …………………………………………… (170)

第8章　研究结论与展望 ……………………………… (172)
8.1　研究结论 …………………………………………… (172)
8.2　实践启示 …………………………………………… (174)
8.3　现有研究的局限性 ………………………………… (177)
8.4　研究的未来展望 …………………………………… (179)

参考文献 ……………………………………………… (180)
致　　谢 ……………………………………………… (216)

第1章 绪 论

1.1 选题背景

自20世纪70年代开始，世界范围内的技术革新带来了企业市场竞争环境和企业管理方式的不断发展变化，企业的竞争方式也转变为竞争和合作并存，因此，建立企业间网络，应对激烈的市场竞争和外部环境的急剧变化，成为企业的必然选择。尤其对于我国的转型经济现状，企业间建立关系网络成为企业成长的首选途径（Boisot and Child，1996；Peng，1996）。与此同时，由于我国传统文化背景、经济处于转型阶段的特殊性，“关系”成为正式制度的重要替代机制，是我国企业成功的重要前提（Buderi and Huang，2006）。

Rycroft和Kash（1999）提出建立和维持有效的网络是21世纪企业创新成功与否的关

键因素。随着全球经济一体化和知识经济带来的市场环境的巨大变化，企业的组织形式开始经历由一体化向归核化转变的过程。这种组织形式的重大变革曾一度引起了企业的组织形态的变化，并带来了创新形式的巨大变革。企业逐渐向不由预先设定的结构限制的无边界组织、以技术为支撑的人机一体化的虚拟组织、追求终生学习不断自我再造的学习型组织、紧凑干练的扁平化组织转变；同时，企业的产业形态开始向企业联合、边界模糊和相互融合转变。在企业组织形式和企业的产业形态协同演变的态势下，企业的组织形式发生了重大变革，逐渐显现出“原子型”到“网络化”的转型，企业创新开始更加依赖于其所处的网络关系之中。

在知识经济时代和全球经济一体化的大背景下，创新日益成为企业构建核心竞争能力的重要源泉之一（党兴华、张巍，2009），这为我国赶超发达国家提供了发展的机遇；同时，也对我国企业在急剧变化的环境中开拓创新提出挑战。Fountain（1997）指出，创新是经济发展的动力所在，随着科技的飞速发展，创新的速度日益加快、创新领域迅速拓展、创新投入和创新风险急剧增长，这对单一企业的创新模式提出巨大挑战。创新活动需要大量的资源输入，并具有高复杂性和不确定性的特点，企业受限于内部资源难以独立应对。

企业像社会中的其他行动者一样，嵌入在经济和社会关系网络中（Uzzi，1996；Granovetter，1985）。“网络化”能为企业带来诸多优势，网络化组织可以为企业带来合作式的竞争关系，使企业能够在竞争中成长和发展，企业的“网络化”保证了企业把众多资源集中在其优势的业务范围和企业的核心业务，取长补短，整合了多家企业的优势进行创新。此外，“网络化”推动“中间组织”的产生，企业的边界由实体边界向虚拟边界转变。

企业的价值网络伴随着企业“网络化”，也产生了递增和质的变化。“网络化”企业还可以获得企业外部的资源，可以不断发现和挖掘网络中存在的资源。“网络化”企业之间以较低的成本，维持着密切的互动和联系，有利于企业在巨变时代获得更多的创新可能和利润空间。

作为资源基础观的一种延伸，关系基础观认为竞争优势不仅来自企业所拥有的资源，也来自嵌入式网络和二元关系（Lane and Lubatkin，1998；Dyer and Singh，1998）。企业网络可被视为其获取组织外部资源和能力（如资本、服务、商品和创新）的特殊途径；与此同时，网络本身也可被视为资源（Andersson，Forsgren and Holm，2002）。由于资源获取路径的特殊性和难以模仿性，通过网络获得的资源具有相对的不可替代性和不可模仿性（Gulati，1999；Gulati，Nohria and Zaheer，2000），因此，社会网络为我们探索微观个人社会资本与宏观企业创新之间的关系提供了极好的借鉴（Luo and Chen，1997；Peng，2000）。

管理面临的主要挑战之一就是关于个人、团队、组织之间的关系（Kwon，Rondi，Levin，et al.，2020），组织间关系的构建在更多的情况下需要高层管理者来进行维系和运营。高管团队跨越组织边界的研究，可以追溯到Barnard（1938），高管多达50%的执行时间和效率，都花在跨越边界的互动上（Mintzberg，1973）。但现阶段关于高管的实证研究，往往侧重于公司高级管理人员的内生因素（Bantel and Jackson，1989），侧重高层管理团队内部的社会化过程（Eisenhardt and Schoonhoven，1990），却忽视了高管外部跨边界活动。管理者跨越边界的活动，及其与外部实体的关联互动必然会带来组织结果（Geletkanycz and Hambrick，1997）。

所以，公司在招聘如高管特殊职位人员时考虑的标准之一（Lin，2001），即是否拥有较丰富的社会资本。当企业聘任其作为高管后，不仅本人的资源成为企业的社会资本，而且其社会资本也为企业发展提供了可能的资源渠道。高管在跨越组织边界的互动在打破组织现状的同时，为企业创新带来了信息渠道。高管会将外部企业的信息进行传递，并使得团队内部认识到需要并进行适应性创新调整。所以在实践中企业雇用高管不仅关注其个人的社会资本，更加关注的是如何转换为企业的社会资本或是企业的行业竞争优势。因此，尽管高管的个人社会资本转化为企业社会资本的过程对于企业实践而言非常重要，但是现有文献却鲜有深入研究。

自 20 世纪 90 年代以来，管理学领域对“社会资本”开始特别关注并逐渐成为研究热点（李玉连，2006）。高管团队社会资本的衡量需要从其所在的社会网络关系中探寻（Granovetter，1985；Uzzi，1996；Burt，1992；Gulati，Nohria and Zaheer，2000；Rowley，Behrens and Krackhardt，2000）。数字化时代创新更多的是整体性创新，高管个人的认知、经历和知识储备，对于创新方向的把控，甚至是调动内外社会资本服务于企业创新，其重要性是不言而喻的。正如卡内基学派（Carnegie School）首次阐述的那样，高层管理人员需要在信息过载和模棱两可的情况下做出选择（Cyert and March，1963）。高管的认知局限性会给适应带来障碍（Child and Smith，1987），因此，高管内外社会资本，将成为网络范式下关注企业创新的重要切入点。

关于社会资本的辩论已经认识到密集和稀疏网络的相对优势：一方面，稀疏的网络中充满结构洞，其特点是网络中的网络之间没有连接（Burt，1992），这种网络在提供新思想产生的机会结构的同时，也面临着行动落实问题；另一方面，密集的网络减少了实施创新所必须采取协调行动的障碍，但却在产生新思想方面面临障碍，与结构洞相关的优势或密集的网络（减少的动员障碍）都无法完全解释创新发生的全部机制（Obstfeld，2005）。不同的社交网络位置给组合创新的两个关键方面带来了不同的机会和问题：新思想和实施这些思想的协调行动（Obstfeld，2005），即可以概括为创新思想的产生和行动落实两个方面。高管如何将密集和稀疏网络优势协同运用，既有利于创新思想的产生，还能整合内外部资源，高效激发企业创新呈现的内部机制，是一个亟待讨论的课题。

1.2 基本概念的界定

1.2.1 高管内外社会资本

有关个人和公司层面的社会网络和创新的工作，实质上遵循了关于两种不同的社会资本概念（Baker and Obstfeld，1999；Burt，2000；Putnam，2000；Adler and Kwon，2002）：一种是概念化强调封闭的、密集的或凝聚的网络的好处（Coleman，1988），包括合作、信任、反复的互动和思想交流（Ahuja，2000）；另一种强调结构洞与他人或公司的独特联系，它们提供了更好的信息访问渠道，以及更大的行使控制的机会（Burt，1992，1997）。在较早的社会网络/创新文献中，后面一种一直占据有利位置，因为它们都蕴含着边界位置（boundary positions）（Obstfeld，2005）。

根据不同的研究视角，社会科学研究者已对社会资本进行定义（Adler and Kwon，2002），当考虑企业边界时，将社会资本分为企业内部社会资本和企业外部社会资本（朱丽、柳卸林、刘超，等，2017；陈春花、朱丽、宋继文，2018；宇红、郭京福、毛海军，2013）。内部社会资本指在封闭网络中，基于信任、合作和互惠的群体成员之间维护、交换和共享现有资源的可能性和能力；而外部社会资本则侧重于个人或组织在开放网络中通过优势网络位置（如结构洞和弱关系）获得额外价值（陈璐、杨百寅、井润田，2009）。基于社会资本理论，企业外部社会资本强调企业之间的关系（Burt，2009），可以被视为企业具有的能够将丰富的信息和资源从外部社会网络传递至企业自身的能力（边燕杰、丘海雄，2000）；同时，有许多学者强调外部社会资本本身就是企业的资源（Bourdieu，1986）。对社会资本的大量研究表明，外部社会资本对企业间合作（Molinas，1998）、企业创新绩效（Landry，Amara，and Lamari，2002；Wu，Chang and Chen，2008）、知识获取（Laursen，Masciarelli，and Prencipe，2012）有积极影响。

Adler（2002）的研究表明，内部社会资本关注集体内部个人或团体之间的联系，这赋予集体凝聚力进而促进集体目标的实现。许多研究表明，内部社会资本对企业的创新绩效（Sanchez，Maseda and Iturralde，2014；谢洪明、王成、吴业春，2007）、战略选择（Houghton，Smith and Hood，2009）和知识共享（Clercq，Dimov and Thongpapanl，2013；谢洪明、王成、王琪，2006）有积极作用，在家族企业中，这种积极作用更为显著。如高管团队高多样性将有益于企业的复杂决策（Bantel and Jackson，1989；Bantel，1993；古家军、胡蓓，2008），进而有利于达成内部一致性和集体凝聚力。因而在本书中，我们将高管团队个人具有整合内部社会资源功能的“内粘式”社会资本，以及具有搭建外部资源获取独到的“桥梁式”社会资本，视为高管为企业带来的内外社会资本。

1.2.2 企业网络位置：网络“声望”和“权力”

社会网络领域的学者们强调企业从网络中获得的外部资源的重要性（McEvily and Marcus，2005；Gnyawali and Madhavan，2001；Gulati，1999），且 Gulati、Nohria 和 Zaheer（2000）的研究表明，企业在外部关系网络中的嵌入性对企业绩效具有重要意义。因此，企业在社会关系网络中的位置值得关注。处于连锁董事网络中的企业，占据不同的网络地位，呈现不同的资源获取能力，为了将资源在网络中的不均匀分布更好地呈现，我们采用了网络声望和网络权力两个网络衡量指标。Powell、Koput 和 Smith（1996）发现，创业公司通过网络位置快速获取资源，快速传播有关机会和威胁的市场信息，以及接收有关交易伙伴质量的信息来提高绩效。不同的网络位置，代表了企业获取对发展和创新至关重要的新知识和信息等外部资源的不同能力（Tsai，2001）。

但现有研究中有关社会资本对行动者，或企业层面结果的影响机制仍存在争议（Zaheer and Bell，2005）。Burt（1992）认为，外部网络中的结构洞将给企业带来社会资本，拥有结构洞的行动者通常被证明能够获得更好的发展、能够及时捕捉外部威胁和机会（Zaheer and Bell，2005），并且比其他不占据结构洞的行动者有更好的绩效表现（Burt，1992，2000；McEvily and Zaheer，1999）。而 Coleman（1988，1990）持另一种观点，其研究表明，行动者从强关系网络中受益更多，进而提高公司绩效（Zaheer and Bell，2005）。

社会网络和社会资本领域的研究人员指出，网络中蕴含着丰富的资源，并可以帮助个体获得资源（尉建文、赵延东，2011）。“资源”是所有资本理论，尤其是社会资本理论的核心和关键

(Lin，2001)。所以，对于社会资本测量的根本性问题，即如何“挖掘”出嵌入在网络中的社会资源。随着网络对企业的经营和创新影响日益显著，企业成功开发以及管理组织间网络关系的能力已成为网络环境下企业的核心能力（邢小强、仝允桓，2004)。在社会分层研究中，权力、财富和声望是3种不同的社会资源，且“声望”和“权力”存在着相互独立性（尉建文、赵延东，2011)。

本章将职业“声望”和“权力”引入宏观的企业层面并进行界定，并将其认定为企业在社会网络关系中，基于其所处的网络位置而获得的“声望”和“权力”。前者定义为企业的网络“声望”，后者定义为企业的网络“权力”。“声望”一般意义上是指个人在社会中所能获得的承认或评价，如尊重、称赞或荣誉等，是个人社会地位的象征（林聚任，2009)。声望的分配会受到阶级、职业和地位差异的影响而存在显著差别。声望可以在一定程度上作为某一行动者的受欢迎程度，即在网络中的内结点度越大，声望越高（林聚任，2009)。现有公司层面的研究应用中心度指标衡量企业的“威望”和“声誉”(同“声望”)，可见企业“声望”同样依赖于企业的网络位置而产生。

“权力”是西方政治哲学中的核心概念（张践明、雷志华，2007)。伴随组织间关系的研究，“权力”被引入经济学领域之中（党兴华、张巍，2009)。企业间的网络组织是由子单元相互依赖构成的，权力分配产生于子单元形成过程中（Hickson，Hinings，Less et al.，1971)。网络的演化带来网络结构，从而决定企业在网络中的权力和地位；Powell、White、Koput 等人(2005) 发现，随着时间的推移，网络将被有明显优势的核心企业统治，其网络控制力是网络地位赋予的结构权利。可见，网络位置使企业产生了可以影响其他企业行为的能力（党兴华、张巍，2009），即“权力”依赖于企业的网络位置而产生，并影响其他企业的行为。本章运用网络“声望”衡量企业在网络关系中获得的荣誉和地位，其区别于“权力”的主要方面在于，“声望”较高的企业在网络关系的维系中能获得更多的信任，“声望”成为企业构建合作关系时的首要参考，而“权力”和控制力相关。

根据社会分层研究，社会声望可被视为在网络中不均匀分布的一种稀缺资源（林聚任，2009）。在个人层面，声望指个人因其身份而获得的认可和评价，反映了个人在人群中的受欢迎程度，具有较高声望的个人可能会获得更多选择权（林聚任，2009）。在组织层面，我们将企业网络声望定义为企业从网络其他行动者处获得的认可和评估（朱丽、柳卸林、刘超等，2017），网络中其他行动者更愿意与具有较高声望的公司合作。由于知识等资源在网络中的不均匀分布（Tsai，2001），形成了不规则的权力分布格局（Putnam，1995），本章中的企业网络权力指企业的网络影响力和资源控制能力。鉴于“声望”和“权力”对于企业本身资源获取的重要性，以及现有研究的不足，本书借鉴个体层面的“声望”和“权力”的界定，从企业的社会网络角度出发，选择用凝聚高管社会资本的连锁董事群体为研究对象，分析上市公司连锁董事构建的网络，并以此界定和计算企业层面的网络“声望”和“权力”。

1.3 研究内容

本书以我国A股上市公司全网络企业为研究对象，探讨高管内外社会资本协同对企业创新绩效的影响机制。高管内部社会资本从学术资本、海外资本、政府资本、银行资本等全方位探讨，与全网络中的企业网络权利、企业网络声望等外部社会资本相结合，探讨其对创新绩效的协同影响机制。本书将拓展高管社会资本的内外认定，以期为高管社会资本更高效地运用于企业创新绩效提供理论指导和经验借鉴。本书目的是从高管内部和外部社会资本两方面，丰富企业协同创新机制的定量研究。

社会资本理论和资源依赖理论的结合，为企业内外协同机制的研究提供了“社会资本”和“资源依赖”视角，突破企业边界限制，通过社会资本降低企业资源依赖，进而实现企业内外部环境的有效协同，最终呈现更好的创新绩效。本书分为如下章节逐层展开：

第 1 章“绪论”。本章主要从选题背景、研究意义、研究内容、研究方法的角度引入本书主题。

第 2 章“理论基础和文献综述”。本章从社会资本理论、资源依赖理论和网络嵌入理论 3 个方面进行理论综述，探索社会资本对于创新作用的内部机制。本章首先对社会资本理论和资源理论的发展现状进行综述，然后从网络嵌入的视角出发，给出拓展以上两种理论的空间，最后选定国内外普遍存在的连锁董事，作为高管内外社会资本的特定研究主体，对连锁董事的嵌入机制、网络的嵌入载体、嵌入主体和嵌入客体进行文献阐述。本章的理论和连锁董事背景分析，为后面的实证研究提供了文献支撑。

第 3 章“企业创新投入、高管团队多样性与企业创新”。本章探索创新投入转化过程中，内外部社会资本的协同联动作用，旨在丰富高管团队影响企业创新过程的相关研究，为揭示企业内外部社会资本作用于创新投入向创新绩效转化的内在机制进行初步探索。高管团队多样化的职业背景，对企业在创新投入和产出之间的积极促进作用的结论，为后续章节定量研究的展开提供了拓展基础。

第4章“高管异质行业连接、网络权力与企业创新”。本章研究企业异质性行业连接对创新绩效影响的内在机制，运用资源依赖理论和“结构洞”理论，从结构性网络嵌入视角出发，在构建一个被调节的中介模型基础上，探讨由高管构建的企业异质性行业连接和企业创新绩效之间的关系。该研究验证了异质性行业连接促进了企业更好创新绩效的产生，且这种机制是通过企业获得网络声望和网络权力而发挥作用的。

第5章“高管学术资本、高管连锁任职与企业创新”。本章探索高管学术资本对企业创新绩效的价值，以及高管学术资本价值发挥过程中，内外社会资本的协同作用。该章研究了作为创新关键的高管学术资本，如何通过“内粘式”提升内部社会资本的同时，协同“桥梁式”外部社会资本，内外共同作用于企业创新绩效的内在机制，为企业挖掘学者型高管价值向企业创新成效转化，提供了一种可能的参考。

第6章“高管政府资本、学术资本协同与企业创新”。本章以高管学术资本为自变量，以网络位置赋予企业的“声望”和“权力”为中介，以高管政府资本为调节，厘清社会资本由高管个体向企业层面转换的内部机制，验证了高管政府资本在高管学术资本向企业创新绩效转化过程中的影响作用，为企业创新绩效提升提供了“个人—企业”跨层研究的借鉴。

第7章“高管海外资本、网络优势位置与企业创新”。本章从海外社会资本角度，探索微观高管社会资本与宏观企业创新之间的关系，基于关系视角和社会资本理论，探讨了企业内部的高层管理团队是如何通过影响组织网络位置，以桥梁和纽带的方式影响创新，为从微观个体向宏观企业创新绩效转变的社会资本内在作用机制探索，提供了一种可能的解决途径。

第8章“研究结论与展望”。本章对高管内外社会资本对企业创新的内在机制相关的实证研究和理论分析进行了总结，指出本研究的主要研究结论、政策建议、研究局限和未来展望。

1.4 研究方法

“社会网络分析”开始于20世纪30年代，是一种社会学研究范式。社会网络分析已经成为关键技术也是热门研究，在现代社会学、人类学、社会心理学、经济学、生物学、数学研究和统计学中均有应用。作为一种跨学科的研究方法，社会学量化研究成为社会学研究的新范式（刘军，2004）。社会网络分析方法越来越受到广泛应用，Web of Science 中 SSCI 论文数量呈指数上升的态势可见一斑（见图1-1）。

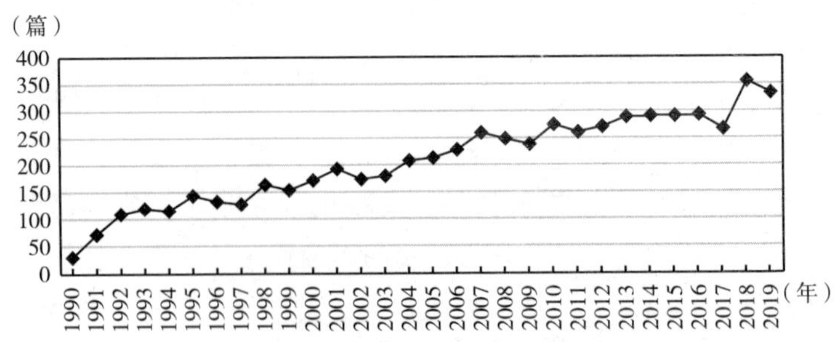

图1-1 社会网络相关研究30年管理学领域发表数量

资料来源：Web of Science（SSCI）。

20世纪70年代社会网络分析（Social Network Analysis）引入管理学后，从网络视角研究管理问题成为发展最快的领域之一。国外顶级期刊 *Strategic Management Journal*、*Academy of Management Journal* 和 *Academy of Management Review* 分别在2000年、2004年和2006年出版专刊，使社会网络分析方法在管理学领域内制度化。Borgatti、Mehra、Brass等（2009）*Science* 的文章揭示了社会网络的重要性，指出网络理论是一个"金矿"，可解释从心理学到经济学等广泛学科领域内的现象。随后，国内顶级管理学期刊《管理世界》在2011年用专题3篇译文系统地回顾了20世纪80年代以来社会网络在管理学中的应用，将"网络范式"引入本土管理学研究领域，网络范式的管理学研究逐渐兴起（朱丽、柳卸林、宋继文，2016）。

本章运用社会网络分析方法来对高管内外社会资本协同的连锁董事现象进行研究，该研究方法的意义在于可以将社会中存在的各种关系进行精确化、定量化的研究，创建了"微观"和"宏观"的桥梁。社会网络分析放在本章的具体运用为，创建企业间基于连锁董事而形成的企业间关系矩阵，来表示具有董事交叉任职的企业间的网络关系。社会网络分析方法和其他的研究方法具有显著不同，具体为不只是关注个体，而是关注个体之间的关系，强调研究个体之间的关系对行为的影响（刘军，2004）。从顶级学术期刊的论文发表数量中可知，"社会网络分析"方法已经受到主流学术期刊的认同和刊载。

社会网络分析作为一种新的研究方法（Borgatti and Foster，2003）从自然科学的"小世界网络"，到社会科学的结构洞理论，社会网络的分析范式已经得到广泛应用，并成为21世纪最重要的研究范式之一（黎耀奇、谢礼珊，2013）。社会网络分析方法在组织管理研究中具有较强的实用性，在组织行为学、战略、消费者行为，以及知识传播与创新等研究领域具有较强的适应性（罗家德，2010）。社会网络分析的核心在于从“关系”视角出发，研究社会结构和社会行为（黎耀奇、谢礼珊，2013）。现有的定量研究，大都忽略了个体之间相互依赖的关系，简单处理为相互独立，这样违背了事物之间的相互依赖和联系，会出现“低度社会化”问题（Grannovetter，1973）。由于21世纪企业创新的关键是建立有效的网络（Robert，Rycroft and Kash，1999）。依据 Markóczy、Sun 和 Peng（2013）对上市公司网络分析时采用的社会网络分析软件 UCINET6.0，对企业在上市公司全网络中的网络位置相应创新机制进行深入探索。

根据 Web of Science 检索发表在顶级学术期刊上的文章，我们检索确定与社会网络研究相关的管理学领域共 6742 篇（见表 1-1），以 *Research Policy*，*Strategic Management Journal*，*Organization Science* 为例，将网络研究方法应用于创新研究的占比分别为 75.43%，35.19%，33.33%，在发表论文总数量上排名中居于前三。此外，管理学顶级期刊 *Academy of Management Journal*（28.09%），*Organization Studies*（25.49%），*Journal of Management Studies*（23.89%），*Journal of International Business Studies*（21.25%），*Journal of Management*（20.35%），*Academy of Management Review*（20.14%），*Strategic Entrepreneurship Journal*（39.13%），在关于社会网络研究方法应用的文章中，关注创新主题的占比均超过 20%。由此可见，运用社会网络的研究方法关注创新问题，已经被管理学顶级期刊所普遍接受。本书就是基于连锁董事的普遍社会现象，对高管内外社会资本的协同创新机制进行研究。

表1-1 社会网络研究顶级期刊发表论文数量

期刊名称	网络方法应用于创新		社会网络方法	
	排名	发表（篇）	社会网络相关（篇）	应用于创新
Research Policy	1	565	749	75.43%
Strategic Management Journal	2	145	412	35.19%
Organization Science	3	140	420	33.33%
Management Science	4	102	695	14.68%
Academy of Management Journal	5	84	299	28.09%
Organization Studies	6	78	306	25.49%
Journal of Management Studies	7	59	247	23.89%
Journal of International Business Studies	8	58	273	21.25%
Journal of Management	9	46	226	20.35%
Administrative Science Quarterly	10	43	231	18.61%
Information Systems Research	11	42	234	17.95%
MIS Quarterly	12	39	213	18.31%
Harvard Business Review	13	38	256	14.84%
Journal of Management Information Systems	14	30	212	14.15%
Journal of Operations Management	15	28	143	19.58%
Academy of Management Review	16	28	139	20.14%
Strategic Entrepreneurship Journal	17	27	69	39.13%
Human Relations	18	26	255	10.20%
Journal of Applied Psychology	19	12	233	5.15%
Human Resource Management	20	12	111	10.81%
Organizational Behavior and Human Decision Processes	21	4	94	4.26%

续表

期刊名称	网络方法应用于创新		社会网络方法	
	排名	发表（篇）	社会网络相关（篇）	应用于创新
Sloan Management Review	22	4	34	11.76%
Operations Research	23	3	891	0.34%
合计	—	1613	6742	—

资料来源：Web of Science①。

企业之间都是普遍存在关系的（Scott，2001）。“你认识谁比你是谁更加重要”，就深层次地揭露了关系在中国的重要作用（Yeung and Tung，1996）。社会是各种关系的组合，处于社会中的不同个体因为关系而组建关系网，就像蛛网一样覆盖了社会和经济生活的各个角落。Granovetter（1985）认为，经济行动是嵌入在其所处的社会网络中的。网络的观点已经逐步渗透到社会学、管理学、心理学和人类学以及经济社会学等领域。作为社会资本的载体，社会网络的重要性，已在如今关注企业间关系和合作的背景下逐步显现；而企业中一个重要的网络便是董事网络，通过董事网络和联结企业实现资源获取和信息共享，它是企业间低成本和高可靠性信息的渠道（王营，2014）。

组织间效应（intra - firm effects）是检验公司社会网络的最佳视角（Badertscher et al.，2013）。高管作为经济社会中的一分子，嵌入在错综复杂的网络关系之中，其行为受到社会网络中接

① 以 network，density，centrality，degree，structure holes，centralization，brokerage 和 broker 等与网络相关的常用关键词，在顶级期刊列表中共检索到 10133 篇文章采用社会网络研究方法，将研究领域限定在管理学后为 6742 篇。

触的其他人影响，而非取决于自己（Granovetter，1985）。在企业高层关系中，最不能忽视的是连锁董事所构建的关系（Hwang and Kim，2009；Bizjak，Lemmon and Whitby，2009；Fracassi and Tate，2012；Larcher，So and Wang，2013）。从社会网络视角出发，研究董事的网络结构对公司行为的影响，是一个全新的研究思路（陈运森、郑登津，2018）。从连锁董事内外社会资本的角度来研究企业创新，可以拓展现有创新研究领域趋同，弥补仅关注创新联盟网络、创新个体/群体特征等导致的研究问题和不足。

第2章 理论基础和文献综述

2.1 社会资本理论

管理中的一个主要挑战是试图理解、构建和利用个人、团体和/或组织之间的关系集（社交网络）（Kwon，Rondi and Levin et al.，2020）。使用 Nahapiet 和 Ghoshal（1998）的社会资本框架，我们确定采用两种网络类型：结构维度和关系维度。首先，社会网络可以为企业提供获取知识、资源、市场或技术的途径，处于网络关系中的企业，可以获得由此产生的重复和持久的交换关系，进而具备知识获取的潜力（Inkpen and Tsang，2005）。其次，社会资本被认为是可以为网络社会化过程研究增加价值的概念（Lee，Lee and Pennings，2001）。最后，在各种学术界研究（Adler and Kwon，2002；Gargiulo and Benassi，2000；

Nahapiet and Ghoshal, 1998）和面向实践者的研究中（Anand, Glick and Manz, 2002）中，研究者们认为，获得新的知识来源是社会资本最重要的直接利益之一（Inkpen and Tsang, 2005）。

高管团队的特征可以预测组织成果，并且比只采用CEO特征进行的研究具有更好的预测效果（Bantel and Jackson, 1989; Finkelstein and Hambrick, 1990; Smith, Smith and Olian et al., 1994）。高管团队的属性不仅是组织战略的重要决定因素，而且也是公司绩效的重要决定因素（Eisenhardt and Schoonhoven, 1990）。互惠和社会资本对增强被雇用人员的隐性知识和显性知识共享意愿有重大贡献，而且对于隐性知识的影响作用更大（Hau, Kim and Lee et al., 2013）。布迪厄（Bourdieu, 1986）认为，资本有3种形式：经济资本，文化资本和社会资本，社会资本是"实际的或潜在的资源的集合，这些资源是与对一个相互熟识和认可的、具有制度化关系的持久网络的拥有者——换言之，一个群体的成员身份——联系在一起"。布迪厄认为，社会资本取决于个人联系的规模，以及与这些联系中所含的资本容量或是数量。对一家企业而言，社会资本是企业和成员共享的资本，而且具有清晰的边界、交换义务和相互认可的特点。

有关个人和公司层面的社会网络和创新的工作，实质上遵循了两种不同的社会资本概念（Baker and Obstfeld, 1999; Burt, 2000; Putnam, 2000; Adler and Kwon, 2002）：一种是概念化强调封闭的、密集的或凝聚的网络的好处（Coleman, 1988），包括合作、信任、反复的互动和思想交流（Ahuja, 2000）。另一种是强调结构洞与他人或公司的独特联系，它们提供了更好的信息访问渠道，以及更大的行使控制的机会（Burt, 1992, 1997）。在较早的社会网络/创新文献中，后面一种一直占据有利位置，因为它们都蕴含着边界位置（Obstfeld，2005）。社会资本处于对立立场，认为密集网络在创新中的优势更加明显，对某些类型的知识工作更加重要，密集的网络优势，以及带来的更频繁的交流和牢固的联系，包括信任、合作规范以及更有效的复杂知识交流，这些对于持续创新所必需的协调行动而言都是至关重要的（Obstfeld，2005）。所以迄今为止，关于密集网络和稀疏网络对创新的影响，其研究成果是有限的和混杂的（Rodan and Galunic，2004）。

社会资本的相关研究认为，密集的网络往往成为共享知识的源泉（Arrow，1974；Kogut and Zander，1992；Nahapiet and Ghoshal，1998）。在 Rodan 和 Galunic（2004）的最新研究中，网络稀疏性仅是创新的重要预测指标，但稀疏性和知识异质性之间的相互作用却更加重要。尽管知识在企业内部而不是跨企业边界的转移具有优势（Kogut and Zander，1992），但是，知识的交换、整合和创造仍然非常困难（Dougherty，1992；Carlile，2002）。当主要的创新活动变得更加关注基于更复杂形式的知识的持续发展，而不是简单的信息传递来创建和动员对创新的支持时，密集的内部网络以及能获取网络优势的外部网络的有效协同，将显得尤为重要。

Adler 和 Kwon（2002）全面综述指出了研究社会资本的许多不同方法，但从各种定义中出现了两种主要模式（Leana，Van Buren，1999）：一个来自社会网络理论（Bellivesau，O'Reilly and Wade，1996；Burt，1997；Useem and Karabel，1986），他们强调行动者（Actor）直接从社交中获得的个人利益，例如职业发展。支持这种观点的人认为社会资本是个人拥有的私人物品。另一个将社会资本与公共物品概念化（Bourdieu，1986；Coleman，1988）。他们认为，社会资本是社会单位而不是个人的属性。作为一种公共物品，社会资本不仅对创造它的人可用，而且使整个团体的成员受益（Kostova and Roth，2003），本章遵循了第一种模式。Inkpent 和 Tsang（2005）给出的定义既包含了社会资本的私人利益，也包含了公共利益，强调关系网络是个人或组织的宝贵资源（即资本），他们将社会资本定义为嵌入在个人或组织所拥有的关系网络中，可通过其获得的资源总和。

个体行动者具有两种资源：个体资源和社会资源，个体资源是指个体所拥有的（如教育、财富），可以由其任意使用的资源（Lin，2001）。在等级制度的组织结构内部，每一个位置的占有者是有权利控制和使用与其位置相匹配的资源，而且处于等级结构中的某个位置的个体，能够获取和使用的资源会超出这个位置所被分配的资源，也就是超越个人资源的社会资本。人力资本是行动者所拥有的资源，他们可以对资源做出使用与处理的决策，如果个体认为合适，也可以将拥有的物品转移给指定的个人继承；社会资本是与其他行动者联系的资源，与其他行动者之间的互动和关系，提供了借由该资源实现自我利益的可能（Lin，2001）。

个人社会资本和组织社会资本，两者有本质的区别。高管个人通过自己的社交关系和个人关系，可以帮助其公司与另一家公司建立合资企业等，在这种情况下，组织性社会资本是在个人社会资本的基础上创建的。由此可见，个人社会资本是私人物品，而组织社会资本具有公共物品的性质，而且这两个层次的社会资本通常是相互联系的（Inkpen and Tsang，2005）。将社会资本作为公共物品，组织的成员可以利用组织关系网络中的资源，而不必参与这些关系的发展（Kostova and Roth，2003）。与此同时，尽管社会资本的概念已被广泛接受，但其含义和作用仍存在广泛的不确定性（Koka and Prescott，2002）。

最近关于社会资本的辩论已经认识到密集和稀疏网络的相对优势，不同的社交网络位置给组合创新的两个关键方面带来了不同的机会和问题：新思想和实施这些思想的协调行动（Obstfeld，2005），即可以概括为创新思想的产生和行动的落实两个方面。稀疏的网络中充满结构性漏洞，其特点是网络中的网络之间没有连接（Burt，1992），这种网络在提供新思想产生的机会结构的同时，也面临着行动落实问题。相反，密集的网络减少了实施创新所必须采取协调行动的障碍，但在产生新思想方面却面临障碍（Obstfeld，2005）。与结构洞相关的优势或密集的网络都无法完全解释创新发生的全部机制（Obstfeld，2005）。

社会资本是由嵌入在社会关系和社会结构中的资源组成，当企业希望提高目的性行动成功的可能性时，就可以动员社会资本。所以，社会资本也可以认为是行动者提高目的性行动成功的可能性投资，且社会资本需要放在社会网络背景中考虑已经成为共识（Lin，2001）。

2.2 网络嵌入理论

网络嵌入视角综合了经济学、社会学的知识，经过长时间的发展，已经成为研究企业网络行为和网络作用的重要研究工具和研究视角（Granovetter，1985；Uzzi，1997；Andersson，Forsgren and Holm，2002；刘雪峰，2007；吴晓波、许冠南、杜健，2011），为管理学的研究开辟了新的空间和研究视角。网络嵌入已经成为连接经济学、管理学、社会学的桥梁。

2.2.1　网络嵌入分析框架

“嵌入性”首先由Polanyi（1944）提出（Granovetter，1985；Uzzi，1997）。“嵌入性”是从主流经济学的原子论争论中产生的。Polanyi（1994）指出，经济行为嵌入在经济和非经济的制度之中，非经济制度引入在研究宗教和政府等不受经济影响的有效性时显得尤其重要。他把经济活动进行了界定和划分，具体包含分配、再分配、互惠和交换等；并指出，在工业革命前后的不同制度背景下，嵌入性的制度环境具有重要差别：在工业革命之前，市场机制并未占据统治地位，经济生活是以互惠和分配为主要方式；但是在工业革命之后，市场价格完全决定了经济活动，利益最大化成为经济活动的主要目标，而不再受社会以及文化因素的影响，造成一种“非嵌入”的状态。

然而，由于Polanyi（1944）对“嵌入”和“非嵌入”的理解具有一定的局限性和片面性，因此，尽管他提出了“嵌入性”思想，但是并未受到广泛关注。在20世纪末，White（1981）提出要深层次理解市场中行为人的行动，应该从行为人的社会关系入手，再次引起了人们对于社会关系的关注，推进了“嵌入性”的发展。之后，White的学生Granovetter（1985）重新对“嵌入性”进行了定义和叙述，指出，嵌入性在工业革命前后是普遍存在的，但是嵌入程度和嵌入方式发生了根本性的变化，从而拓展和丰富了Polanyi关于“嵌入性”的论述，把“嵌入性”研究推向了新的发展轨道。在Granovetter指出经济学领域提出的“社会化不足”和社会学领域提出的“过分社会化”两种观点的缺陷，提出了人类的行为是嵌入在社会关系之中的，这种嵌入不是静止的而是不断发展变化的。该理论的要点在于，无论研究个人或是组织的经济现象，都要从对方所处的社会关系网络中去探寻，这样不仅可以解释单个行为主体的经济行为，还可以研究个体或组织，以及群体的互动现象。在 Granovetter 修正嵌入性的内涵以及外延以后，“嵌入性”迅速扩散到了经济学、社会学、管理学等学科领域，并引起学术界的广泛关注。在 Gulati（1998）研究的基础上，本章总结出了网络嵌入性所研究的问题，见表 2－1。

表 2－1　网络嵌入性所研究的问题列表

研究主题	嵌入性视角
网络形成	网络嵌入既限制企业寻找合作伙伴，又为其寻找合作伙伴创造机会（Kougut et al.，1992；Gulati，1995；Gulati and Westphal，1997；Kanter，2000）
网络治理	网络嵌入可以降低企业协调成本从而提高治理有效性（Larson，1992；Gulati，1995；Gulati and Singh，1998）；适当嵌入可以提高智力的有效性（Rowley et al.，2000；Sobrero and Roberts，2001）
网络演化和发展	网络的动态性可以呈现在跨越组织边界上（Nohria and Garcia－Pont，1991；Gomes－Gasseres，1994）
网络绩效	网络中企业能力会影响企业绩效（Dyer and Singh，1997；Andersson et al.，2002）；网络嵌入的结构嵌入影响企业绩效（Burt，1992；McEcily and Zaheer，1999；Tsai，2001；Zaheer and Bell，2005）；关系嵌入影响企业绩效（Granovetter，1973，1985；Uzzi，1997；Dyer and Nobeoka，2000；McEvily and Marcus，2005）；关系和结构嵌入的交互影响绩效（Rowley et al.，2000）；制度嵌入影响企业绩效（Baum and Oliver，1992；Jacobson et al.，1993；McGuire and Granovetter，2005）
网络优势	网络嵌入有利于企业获取新知识（Powell et al.，1996；Hagedoom and Duysters，2002；Chesbrough，2003）；网络嵌入有利于知识转移（Reagans and McEvily，2003；Dhanaraj et al.，2004）；网络对技术创新有正向影响（Shan et al.，1994；Powell et al.，1996；Rosenkopf and Nerkar，2001；Ahuja，2000b；Lauese and Salter，2006）；网络对竞争优势有正向的影响（Mowery and Oxley，1996；Dyer and Singh，1998；Rowley et al.，2000；刘雪锋，2007）

Granovetter（1985）研究指出，"经济行为嵌入在社会结构之中"。网络嵌入既要受到社会结构又要受到社会经济活动的影响，而其中经济行为的属性和个体之间相互关系影响（Granovetter，1992；Gulati，1998），所以网络嵌入涉及行为个体所在的经济和社会属性。网络嵌入的分类现在有多种形式，其中受到广泛关注的是关系嵌入（Relational Embeddedness）和结构嵌入（Structural Embeddedness）。关系嵌入（Relational Embeddedness）是指行动者嵌入在其所处于的关系网络之中，并受到网络的影响。结构嵌入（Structural Embeddedness）是指行动者嵌入在其构成的社会结构中，并受到周围关系网络的文化和价值观的影响（见表 2－2）。

表 2－2　　网络嵌入的分类

划分视角	代表人物	具体内涵
关系与结构嵌入	Granovetter（1985，1992）	关系嵌入是基于互惠预期而发生的双向关系； 结构嵌入是双方嵌入更大结构，所处于的位置、密度和规模等
结构、认知、制度和文化嵌入	Zuukin and DiMaggi（1990）	结构嵌入是指受到网络结构的影响和制约（涵盖了 Granovetter 结构嵌入和关系嵌入双重内涵）；认知嵌入指行动者的认知来源和结果等；制度嵌入是经济交易受到所处社会的制度约束，最终使得制度安排嵌入行动者的行为和特定的社会结构中；文化嵌入是受到外部共享的价值观、信念等社会文化的约束
环境、组织间与双边嵌入	Hagedoorn（2006）	环境嵌入包含国际环境中文化、经济等方面的宏观嵌入和影响企业合作的产业特点的中观嵌入；组织间嵌入对企业的实践经验的积累和合作伙伴关系的建立产生影响（类似 Granovetter 的结构嵌入）；双边嵌入是指企业间合作的信任和熟悉程度会影响享有合作关系的持久和稳定

3 种分类方式中结构和关系嵌入是基础，其他分类方式都是在此基础上演化出来的（吴晓波、许冠南、杜健，2011）。其中，最主流的分类方法是结构嵌入和关系嵌入（Grannovetter，1985）。在本章中仅从用结构嵌入维度对企业的网络嵌入进行衡量和划分。

Lin（1999）以嵌入性网络位置和资源相结合，对社会资本进行重新定义，指出社会资本是一种资源，这种资源是镶嵌在一定的社会结构之中的，可以通过行动者有目的的使用来动员和获取。社会资本也可认为是一种动员资源的能力，网络成员可以通过利用网络中的资源来获取社会资本，社会资本的作用是可以促进企业之间信息的沟通和共享；同时，还可以传递信任、影响和控制等。

在 Lin 新定义的基础上，社会资本概念包括 3 部分：资源存在并嵌入在一定社会结构中；个体具有获取社会资源的能力；个体通过有目的的行动来运用与动员资源（Lin，1999）。由此可见，在 Lin 的社会资本理论中，资源是其中的核心要素，其中，有关个体的社会资本讨论都是围绕资源展开的。“利益相关者的价值网络”观点正好符合 Lin 概念中对资源的强调。但是在社会网络中，资源是如何分配的呢？

2.2.2 网络嵌入的优势位置“结构洞”

在社会关系网络中，由于网络关系的不对称分布，导致资源并不是平均分布在社会网络之中。有一些网络中的节点拥有大量或是高质量的连接关系，而有的节点却只有有限的且低质量的连接，其中，前者在网络中具有重要的地位和作用。Burt（1992）提出了“结构洞”（Structure Holes）理论，作为网络分析学派的分支，研究什么样的网络形态能够为行动者带来更多的利益或是回报。“结构洞”是指社会网络中的空隙，在社会网络中某个个体或某些个体之间有直接联系，而和其他个体之间不发生直接联系，出现了关系的缺失，这种间接关系从网络整体看，好像网络结构中出现了洞穴，因此，被形象地称为“结构洞”。

Burt（1992）用“结构洞”可以为网络中的行动者带来异质性的、非冗余的资源和联系，并认为，结构洞连接的是非冗余资源，而结构洞成为行动者间的非冗余联系。处于“结构洞”位置的行动者，是将没有直接关系的两者相结合起来的第三者，具有信息和控制优势，能够获取“信息收益”与“控制利益”（Burt，1992）。因此，处于“结构洞”位置的主体相较于处于其他位置的主体具有更多的资源和获取利益的机会，所以在市场竞争中更具有竞争优势。“结构洞”位置的行动者，具备了个体获取社会资源的能力；同时，可以通过有目的行动来运用与动员资源，而“结构洞”本身就是一个资源的聚集地，“结构洞”位置和将占据该位置的主体符合 Lin 关于“社会资本”的界定，从某种程度上来看，“结构洞”蕴含着丰富的社会资本。“结构洞”在社会网络存在多个团体时，将团体进行连接，团体数量越多、差异性越大、涵盖范围越广泛，“结构洞”中蕴含的社会资本也越多，团体彼此并不直接联系，但可以通过结构洞的“桥梁”作用来进行信息交流和沟通。

在 Burt（1992）之后，Markóczy 等.（2013）首先提到了自我网络（Ego network）有效性的大小，自我（Ego）是个体关注的结点。企业占据的结构洞数量越多，越有可能成为企业和企业之间联系的中介和“桥梁”，因而交际能力越强，获得的社会资本也就越多。图 2－1 所示的结构洞优势就形象地表达了企业处于结构洞位置时的战略优势。图 2－1 中，A、B、C、O 代表 4 个个体行动者（企业），图 2－1（a）中 A、B、C、O 4 者直接联系，处于对等的地位。图 2－1（b）中 A、B、C 只有通过 O 才能相互联系，因此，O 处于结构洞的位置在 A、B、C 中间充当“信息桥”的角色。

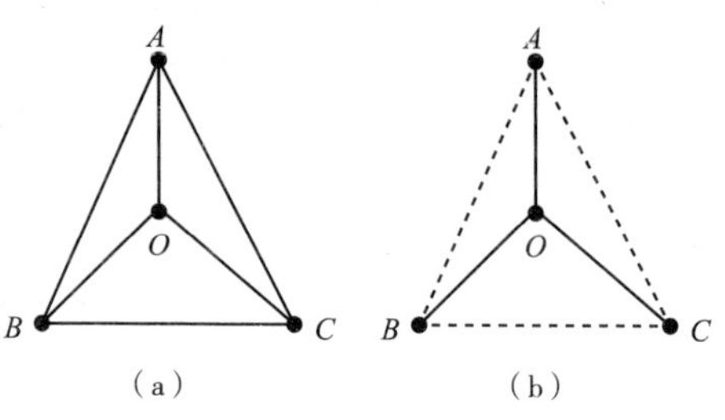

图 2－1 “结构洞”优势

“结构洞”作为信息“桥梁”，掌握着信息交换通道中其他行动者可以获得的信息收益、控制收益和时效收益。这在市场环境中是普遍存在的，比如信用评级等中介机构就是处于“结构洞”的位置（李培馨、陈运森、王宝链，2013）。能为企业带来竞争优势的并不是密集地带，而是关系较为疏松的“结构洞”位置（Burt，1992）。“结构洞”不但可以将不直接关联的企业相互衔接，还可以通过缩短企业间的资源传递距离，来促进企业利用资源和传递信息的效率和效果、促进企业间技术创新的传播等（见表 2－3）。

社会资本理论关注嵌入个体在社会网络中的资源，以及如何运用资源使得个体受益（Lin，2001）。Lin（2001）认为，对好的社会资本的获取，往往发生在那些占据靠近“桥梁”位置的个体行动者身上，因为“桥梁”连接着相对较高等级位置上的行动者，所以我们其实可以得出位置优势取决于其可以接近的网络资源。

表2-3 “结构洞”优势收益

优势	内容	产生条件
信息收益	通路和举荐	“结构洞”和弱关系；凝聚力和效率高；网络规模和多样性较大；网络信任程度高等
控制收益	第三方	“结构洞”和商业机遇；初级“结构洞”和约束；刺激解耦股东和约束；“结构洞”信号和信息的不透明等
实效收益	先机	“结构洞”和高效率信息渠道；异质性的网络构成；网络高质量的市场敏锐度；和政策部门关系密切等

“结构洞”拥有信息优势、控制优势和时效优势，从而可以通过不直接联系的团体或是个体之间传递非重复性的资源来获取“信息收益”“控制收益”和“时效收益”。“结构洞”这种特殊的网络位置，在一定程度上可以演化为主体所拥有的各种社会资源的结合体，帮助占据该位置的主体获得社会资本，进而对自身的行为效率和效果产生正向的促进作用。学者们从产业边际利润（Burt，1992），企业绩效（Zaheer and Bell，2005；Shipilov and Li，2008）、职业优势（Lin，Ensel and Vaughn，1981；Lin and Dumin，1986）等多方面分析“结构洞”对企业竞争优势的作用。基于结构嵌入和关系嵌入在某种程度上可以相互替代（潘旭明，2008），本章从结构嵌入着手对连锁董事网络和企业绩效关系进行内在机理的探寻。

网络化组织能够更好地适应知识扩散的信息经济，网络化组织以组织之间网络联结为纽带，以创新作灵魂的组织模型，它提高了企业的学习与创新能力。它的运作机制和支撑体系以及其柔性的组织结构，为组织的持续创新提供了必要的空间支撑和保障

（李维安、武立东，2001）。企业通过向其他公司派驻董事会成员，或邀请其他公司董事会的成员担任本公司董事时，形成以连锁董事成员为联结的连锁董事网络。随着连锁董事的出现与兴起，企业所嵌入的这一网络也是影响企业创新行为和绩效的关键。

2.3 连锁董事文献综述

由于企业经营理念以及组织形态的变化，企业和企业之间的竞争方式发生了革命性的变化，由原来普遍意义上的竞争关系，转化为竞争和合作共存（朱丽、杨杜，2015）。为了能够更好地合作，企业和企业间构造了企业网络，因此，企业的“网络化”逐渐兴起。Jarillo（1988）发表在《战略管理》杂志上的一篇论文《战略网络》将网络的分析方法引入企业战略研究中来。在全球范围内，连锁董事（Interlocking Directors）现象普遍存在，并对企业的生存和发展产生了深远影响（张祥建、郭岚，2014）。

2.3.1 概念界定及嵌入机制

社会网络理论认为，任何经济组织和个人都镶嵌在一个由多种关系交织的，多重、复杂的社会网络之中。其中，不可忽略的一种社会网络关系就是董事的交叉任职形成的连锁董事。连锁董事是指一个董事在两个或是两个以上的企业任职，由此形成企业之间的网络关系，进而影响企业的战略选择、管理控制、企业绩效等方面的行为（Mizruchi，1996；Khanna and Thomas，2009）。连锁董事网络作为企业间关系的一种呈现方式，同时也是资源网、信息网和价值网，为企业在进行重大决策时，提供了多种资源，从而有利于企业更高效的决策（Boisot and Child，1996；Peng and Heath，1996；Keister，1998）。

卢昌崇和陈仕华（2009）研究了我国1999—2007年A股上市公司的连锁董事现象，拥有连锁董事的企业在整个A股上市公司中所占的比例，在2001年已经超过50%，到2008年该比例已经超过80%，平均有72.30%的企业拥有连锁董事现象。由此可以得出，在我国连锁董事现象已经普遍存在。连锁董事作为一种便捷的企业网络连接方式，将企业的董事会和董事会由孤立的点通过董事的交叉任职联系起来，是整个公司之间相互联结和沟通的主要方式。连锁董事作为沟通的“桥梁”，让董事会内部的董事之间发生联结，并构成复杂的关系集合（陈运森，2013）。

社会网络是一组行动者以及连接行动者的关系所组成的集合（Kilduff and Tsai，2003），是由行动者构成的“结点”（nodes）和行动者之间的关系构成的“边”（connections）所组成的。社会网络经常用图论的方式来表示，一个社会网络就可以得出一张图，图中既包含了“结点”，又包含了“边”，是两者的集合（Wasseman and Faust，1994）。其中“结点”可以代表一个人、一个组织、一个团体甚至一个国家，而“结点”之间的连线“边”则可以代表朋友关系、投资关系、合作关系、国际贸易关系等各种关系。社会网络的研究方法正是要基于这样的“结点”和“边”所构成的图来研究社会关系（social ties）以及网络结构（network structure）。网络的基本构成单位是结点和联结关系，因此，定义网络也要从这两个方面进行网络的边界界定。在连锁董事网络认定的方面，为了区分几个概念，本章特列出了表2-4，重点区分了董事、连锁董事、连锁董事网络、董事网络、董事会网络几个概念。本书关注连锁董事网络中的中观层面——企业网络，在现有研究中也常被泛称为连锁董事网络。

表 2－4　相似概念区分

名词	定义
董事	包含执行董事和独立董事，其中前者在公司任职管理公司事务，后者独立于公司股东，对公司事务做出独立判断
连锁董事	一个董事在两个或两个以上的公司任职，是董事的特殊人群，构成社会精英阶层
连锁董事网络（广义）	由连锁董事在多家公司任职引起的网络，网络中包含人和企业，具有二元性的特点
董事网络	属于连锁董事网络的一部分，由所有连锁董事个人所组建的人的网络，其特点是所有结点都是连锁董事，是个人组成的网络
企业网络/连锁董事网络（狭义）	属于连锁董事网络的一部分，由所有连锁董事任职的董事会和董事会组建的董事会之间的网络

连锁董事网络的二元性是由其结点的二元性所决定的，二元性是指连锁董事网络不仅包含了连锁董事的二元网络（见图 2－2），还包含了连锁董事网络中连锁董事以个人为结点的网络（见图 2－3）和以连锁董事网络中企业为结点的网络图（见图 2－4）。图中分别展示了连锁董事的 3 种网络，连锁董事网络的二元网络、连锁董事以个人为结点的网络和以企业为结点的网络机构图。其中，黑色的圆代表了连锁董事个人，灰色的圆代表了没有连锁任职的董事，方形代表了企业。

在图 2－2 中，方形代表企业，黑色圆形代表了连锁董事，灰色圆形代表了董事（非连锁董事）。图中既包含了连锁董事，又包含了企业，因此，连锁董事网络图具有二元性。C0 中 3 个灰色的董事没有在其他企业任职，因此，没有企业因为他们而建立连锁董事的企业连接，这些董事是一般意义的董事。图中，P1 同时在 C1 和 C2 中担任董事，P2 同时在 C2 和 C3 中担任董事，P3 同时在 C0 和 C3 中担任董事，因此，P1 、P2 和 P3 均为连锁董事，是董事中的特殊情况（在两个或两个企业以上任职）。

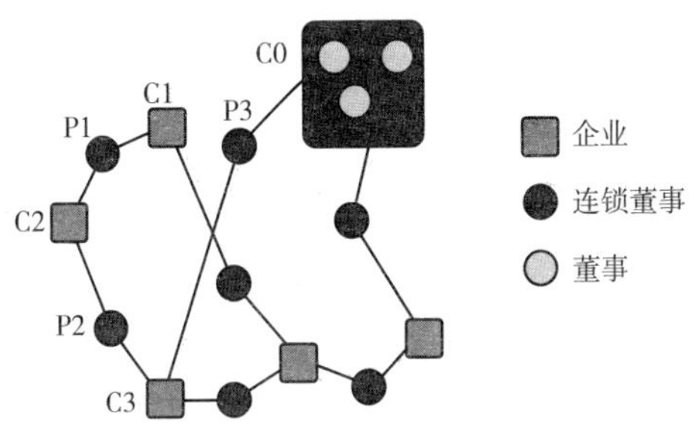

图 2－2　连锁董事网络的二元网络

通过 P1 和 P2 同时在企业 C2 任职，企业 C2 将 P1 和 P2 连接起来，P2 和 P3 同时在企业 C3 任职，企业 C3 将 P2 和 P3 连接起来。因此，由企业将企业的连锁董事个人相互联接，将图中方框代表的企业结点去掉，就构成了以连锁董事个人为结点的网络图（见图 2－3）。这些连锁董事构成了社会中的精英阶层，连锁董事网络则形成了社会中的精英阶层关系网络。

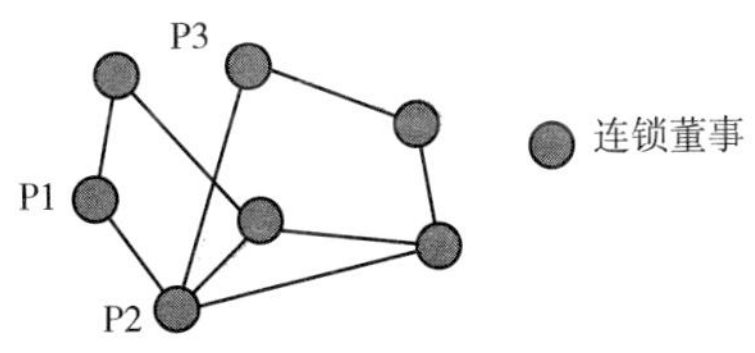

图 2－3　以连锁董事个人为结点的网络图

通过 P1 同时在企业 C1 和企业 C2 的同时任职，将 C1 和 C2 连接起来，形成了基于连锁董事的企业连接关系。由于 P1 、P2 和 P3 的存在，将企业 C0、C1、C2 和 C3 联系起来。因此，由连锁董事将企业相互连接，将图中黑色圆形代表的连锁董事个人结点去掉，就形成了以企业为结点的网络图（见图 2－4）。在现实生活中，上市公司连锁董事的现象普遍存在，这些连锁董事将企业相互连接，构成了一张巨大的上市公司网络。这也正是本书展开的基础。

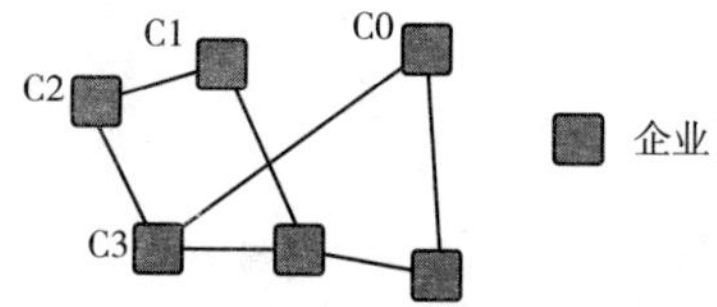

图 2－4　以企业为结点的网络图

连锁董事网络依托董事会作为嵌入载体，以连锁网络作为载入主体，以社会关系作为载入客体。董事会治理和战略的两重性对企业和董事会个人产生影响；连锁董事网络的二元性，决定了网络嵌入的主体为个人和企业；个人和企业拥有的社会关系，是网络嵌入的客体。嵌入载体、嵌入主体和嵌入客体在形式上分别表现为董事会、网络和资源，但是实质上是董事会的治理和战略、个人和企业网络以及个人和企业的社会资本。分清网络嵌入的载体、主体和客体，为后续的研究奠定了基础。

2001 年，中国拥有连锁董事的上市公司在总上市公司的数量已经超过 50%，而从 2002 年到 2007 年平均每年约 80% 的企业至少拥有一名连锁董事（陈仕华，2012），这就意味着上市公司的董事会已经普遍形成基于连锁董事的网络。在现有的研究中，以上 3 幅图中结点的不同，导致了研究网络类型的不同。其中，研究个人和企业共同组建的二元网络主要是基于理论研究，而通过纵向面板数据分析的网络则主要集中在以连锁董事个人为节点的网络和以企业为结点的网络。基于研究者对企业层面的关注和企业层面研究的实践意义，以企业为结点的网络研究更为广泛，本书企业层面构建的，正是连锁董事连接构建的企业网络（见图 2－5）。

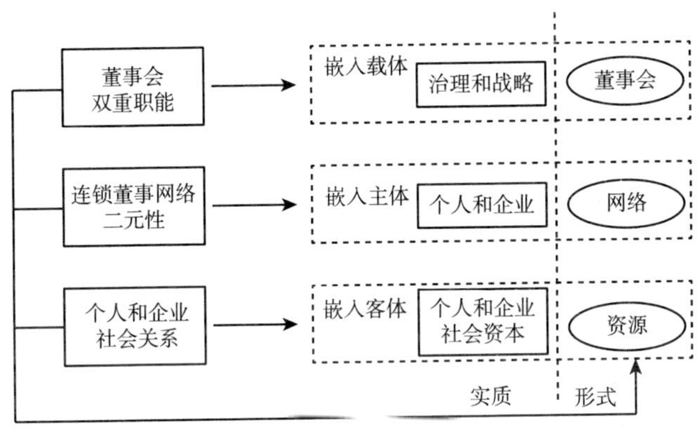

图 2－5　连锁董事网络嵌入的载体、主体与客体

由此可见，连锁董事成为企业连锁董事网络的“桥梁”，若没有连锁董事的存在，企业的董事会就成为由董事组成的和其他企业相分离的孤立的点集，这些董事所组成的点之间，就只存在公司的内部关系（陈运森，2013）。企业之间都是普遍存在关系的（Scott，2001）。中国特有的“关系”就是指通过社会网络可以让个体或是企业受益，这在很大层面上影响了公司的绩效（Luo and Chen，1997）。连锁董事网络可以被看作在管理层面的一种特殊的关系。“你认识谁比你是谁更加重要”，就深层次地揭露了关系在中国的重要作用（Yeung and Tung，1996）。

研究网络类型和代表学者的相关情况见表 2－5。

表 2-5　　研究网络类型和代表学者

研究网络类型	代表学者
个人和企业的二元网络	王振铁（2009）
个人为结点的网络	谢德仁、陈运森（2012）；Freeman（1979）
企业为结点的网络	任兵（2005）；任兵等（2007）；段海艳、仲伟周（2008）；段海艳（2009）；Mizruchi（1988）；田高良等（2011）；彭正银、廖天野（2008）；徐勇、邱兵（2011）；段海艳（2012）；陈仕华（2012）

2.3.2　网络嵌入载体：董事会

费孝通（1998）在《乡土中国》中提出，我国的传统社会是一个“差序格局”社会，人们往往会基于人和人之间关系的亲疏远近，由自己延伸出去，一圈一圈形成了层层关系网络。费孝通（1998）在研究中国乡村结构时发现，中国人的社会关系以人为中心，人们根据血缘、地缘、经济水平、政治地位和知识文化水平划分人和人之间的亲疏远近，从而产生社会距离。血缘越是接近，关系越是紧密，其规则是以伦理辈分为基础；地缘越是相近，就越容易形成亲密的关系；经济水平和政治地位这些象征着权利的因素是圈子形成的重要原因；圈子的形成可以是以上一种因素发挥作用，也可以是多种因素共同作用。“差序格局”就像是石头被丢入水中以后所产生的一圈一圈的波纹，虽然“差序格局”是由研究人际关系得来的，但是也同样适用于企业。

企业是社会经济生活的“细胞”，是一种人格化的组织，因此，在一定程度上也具有自然人的特性，所以，将费孝通“差序格局”观点结合企业的经济行为和边界定位来阐述企业的差序格局和嵌入定位，具有可行性。企业的社会关系也呈现“差序格局”的特性。企业的嵌入分为微观层次、中观层次和宏观层次，伴随嵌入层次的不断上升，其社会关系比重也在递减。

（1）微观层次：位于企业实体边界之内，由内部的行政关系和产权关系所形成的企业微观层次的关系。霍桑试验关于非正式组织的存在就解释了在工作中发展起来的非正式组织，生产力的重要因素不再是企业的环境、管理能力以及理性的工资和待遇，而转移到了人与人之间的关系组建的关系网络之中。由此可见，微观层次体现了企业内部关系的嵌入情况。

（2）中观层次：由契约关系所形成的企业中观层次的关系。Sanenian（2001）比较研究了硅谷和波士顿128公路，提出硅谷不同于波士顿128公路成功的原因在于，硅谷嵌入了一个活跃的社会网络之中，经过努力创造了独特的思维方式和文化。由此可见，企业的中观嵌入是企业经济行为在企业间关系的嵌入情况。

（3）宏观层次：由市场关系所形成的企业宏观层次的关系。宏观层次的嵌入可以用来解释国别差异引起的企业文化差异，宏观的嵌入可以从文化和政治视角来理解，这可以解释跨国公司的企业管理模式或盈利模式为什么不能成功移植的。

关于企业的“差序格局”和嵌入定位是在费孝通（1998）在《乡土中国》以及连锁董事网络的启发下产生的，解释了企业网络嵌入的微观、中观和宏观3个层次。本书中基于连锁董事产生的企业网络就定位在中观层次的契约关系，因此，可以通过分析连锁董事网络这个中观层面的问题，加深对企业“差序格局”的理解。连锁董事网络通过连锁董事在董事会中的任职，将董事会和董事会进行连接，进而引发企业和企业的连接，形成一张连锁董事网络中结点为企业的“企业网”，所以连锁董事网络的载体是董事会，董事会赋予了连锁董事正式的职务，从而为建立正式网络奠定了基础。从“差序格局”的角度连锁董事定位如图2-6所示。

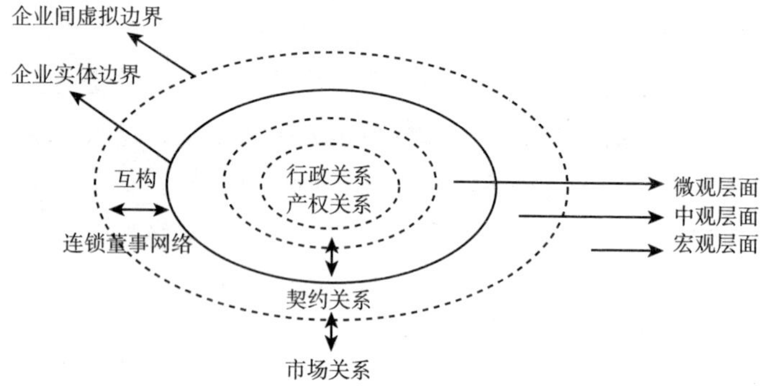

图 2 -6 “差序格局”的连锁董事嵌入定位

从嵌入主体而言，连锁董事的嵌入主体为连锁董事网络，由连锁董事连接起来的董事会把企业嵌入一张企业网络之中。嵌入载体为董事会，董事会通过战略和治理双重职能的嵌入来为企业提供嵌入载体。嵌入客体为个人和企业的社会关系，社会关系为企业提供了丰富的个人和社会资本，这为企业的资源获取和信息传递提供了便捷、高效的途径。从微观到中观再到宏观，企业的嵌入是连贯的，可以将连锁董事组建的企业间网络研究扩展到中国和美国连锁董事网络现象的对比，从而拓展到更高的宏观层面。

董事会职能是公司治理和战略管理研究领域的核心问题（刘小元、金媛媛，2014）。因此，应从董事会的战略和治理两方面来阐述董事会的双重职能。公司制度随着市场经济的发展和公司运营效率的要求不断发展变化，董事会制度是在企业经营权和所有权分离导致的“第一类”代理问题下产生的，董事会是股东的代理人，由股东选举而产生，并由股东负责管理公司事务，董事会在随着时间演化的过程中，职权也在不断加强。20世纪初，股东和董事会的关系有了新的发展，董事会不再受制于股东大会，董事会的权力来自于法律，并非是股东的委托，因此，出现了削弱股东大会权力和增强董事会权力的趋势。我国《公司法》2005 年也增加了董事会的职权范畴，增强董事会的权力能有效提高企业的运作效率。

Fama 和 Jensen（1983）指出，董事会是控制公司的最高层，董事会在企业的成长和可持续发展中具有重要作用，企业发展状况的好坏主要取决于董事会的质量高低。随着公司制的“股东大会中心主义”向“董事会中心主义”的转变，董事会在企业发展中的作用逐步提高。公司治理准则明确规定了董事会的基本职能：向管理层提供建议与咨询；监督公司与管理层的业绩；审议和制定主要决策。这 3 项职能的制定明晰了董事会职权的主要边界范围。按照 3 项职能的本质，我们可以得出董事会具有治理和战略的双重职能，从而成为公司治理作用的发挥和公司战略制定的重要权力机构。董事会的治理和战略职能对企业的正常运转具有重要作用。尤其在公司治理权力机构从“股东大会中心主义”向“董事会中心主义”的变迁后，董事会在企业战略和治理中的作用不断增强。

董事会职能从监督治理职能在向战略服务职能转变，两者具有一定的兼容性，而且两种职能具有融合的必要性和可能性，两种职能的有效融合对董事会效能的发挥具有促进作用（李国栋，2011）。忽视董事会在治理和战略方面的任何一种功能都将限制董事会在实践作用中的引导和决策作用，所以治理和战略职能是董事会一体之两面。

企业可以通过“差序格局”获取企业经营所需的大量资源，由连锁董事网络为企业提供异质性的资源和信息等。因为连锁董事网络更能带来异质性的资源，所以这种跨群体而构建的网络更能带给企业新的行动指引和观念（Burt，2004）。

董事会治理与战略的双重职能见表2-6。

表2-6　董事会治理与战略双重职能

职能类型	理论基础	主要内涵	具体体现
战略职能	管家理论 资源依赖理论 社会网络理论	董事会参与企业战略过程的价值及在战略资源获取和战略决策制定等重要环节所起到的作用	公司目标分析和环境评估 战略决策 战略执行 战略控制与评价
治理职能	委托代理理论 利益相关者理论	董事会在治理结构的位置和“第一类”代理问题中发挥的作用	公司治理结构的核心环节 担负监督职能 利益关系的协调

2.3.3　网络嵌入主体：个人和企业

连锁董事网络和其他企业社会网络相比，既具有共同点，又具有特殊性。共同点是都反映了社会关系，而特殊性在于连锁董事网络的二元性。其中，连锁董事网络的二元性是指，网络中既包含企业法人作为结点，还有连锁董事个人作为结点。本书是以连锁董事网络中以企业为节点的网络作为研究基础。针对连锁董事网络的二元性特点，可以研究企业连锁董事网络嵌入的实质。连锁董事网络嵌入二元性的根源为连锁董事处于“边界人”（Boundary Spanner）的位置。作为嵌入主体的连锁董事网络，包含了个人结点和企业法人结点，因此，嵌入客体相对应包含了个人社会关系蕴含的个人资本和企业社会关系蕴含的企业社会资本。从社会资本的起源来看，个人社会资本具有重要作用，企业作为组织可以把人力资源的个人社会资本内化到企业，形成企业社会资本。以连锁董事网络为例，连锁董事在企业中任职不仅带来了连锁董事的个人社会资本，还为企业提供了任职的其他企业的资源和信息，所以从某种程度上，“连锁董事”是企业层面和个人层面社会资本融合的“边界”，跨越了组织和个人的界限，是社会资本在企业和个人层面转化的“边界人”。一般意义上，“边界人”是游走于企业边界内外的成员（Katz and Kahn，1978；Zaheer，McEvily and Perrone，1998；Kostova and Roth，2003）。而连锁董事正好符合“边界人”的界定。

虽然企业中每个“自然人”都存在和企业和外部环境互动的可能，但并不是每个“自然人”都可以担任“边界人”的角色。作为企业“边界人”需要具有价值性、创造价值的意愿以及较高的声誉。一是“边界人”所在的组织或者企业应该对目标企业具有价值，否则即便是通过“边界人”建立了企业间沟通的“桥梁”和渠道，企业之间由于价值性比较低，互动会变得没有意义和必要；二是“边界人”要有通过自身努力调动企业间互动，从而带给企业价值的意愿，这是因为“边界人”作为唯一联系企业间关系的“桥梁”，在企业互动关系中发挥着重要作用，而“边界人”的意愿是发挥作用的前提；三是要有较高的声誉，较高的声誉为“边界人”调动企业间资源提供了坚实的基础，如果仅仅有意愿和价值，但是没有能力，资源也不能在较大程度上调动起来，也不会为企业带来较大的收益，“边界人”的地位会被其他更有声誉的自然人所取代。此外，董事是企业管理层的重要人力资本，具有超出一般职工的经验和能力，以及关注企业发展和创造价值的责任和义务。因此，连锁董事可以在企业间充当“边界人”的角色，成为跨越组织关系的连接人，利用企业间关系网络的可渗透性为企业间资源和信息的共享提供可能，并为企业间的沟通和传递信息提供便捷的渠道。“边界人”存在于企业和外部环境的边界处，是企业和外部环境以及其他企业和组织有效连接的“桥梁”。

由于企业是由自然人组成的集合，所以企业和企业之间的关系在一定程度上可以理解为是自然人之间的互动。学者安德森发现，公司之间的关系往往就是关键人员的交流频繁而引发信任，在信任的基础上促进了企业间的贸易和业务交流。所以企业经营的好坏和关键人物具有的社会关系密切相关（边燕杰、丘海雄，2000）。连锁董事网络的构建具有明显的跨层次性，从企业内部的微观层面跨越到企业间联系的中观层面。所以，企业在建立和外部关系网络时既可以通过正式化的企业间合作和协议，也可以委派高管入驻另外一家企业的董事会，这两种方式可以实现构建企业间关系的目的，但是后者具有便捷性和高效性。

作为连锁董事，其具有“自然人格”和“组织人格”的双重属性，可以有效利用个人的社会资本和组织的社会资本，为两种社会资本的融合和转换提供了可能。在组织的中观嵌入背景下，“边界人”要探寻如何处理“自然人”“组织人”“个人目标”和“组织目标”之间的利益冲突，考虑如何进行有效协调和取舍。能够有效兼顾四者之间的关系，坚持自身人格和自身利益目标；同时，维持组织人格和组织目标，才能较好地充当“边界人”的角色。

社会网络是一组行动者以及连接行动者关系所组成的集合（Kilduff and Tsai，2003），是由行动者构成的“结点”和行动者之间的关系构成的“边”所组成的。社会网络经常用图论的方式来表示，一个社会网络就可以得出一张图，图中既包含了“结点”，又包含了“边”，是两者的集合（Wasseman and Faust，1994）。因此，对于连锁董事网络边界的界定要从“结点”和“边”两个方面来进行。

首先是连锁董事结点的边界问题。为了保证连锁董事网络结点的完整性，本书包含了所有上市公司的董事，这样就避免了人为地隔断网络，而造成数据和结果的失真。Barnea 和 Guedj（2009）以美国 S&P1500 公司的连锁董事网络为研究对象，造成 S&P1500 以外的公司被直接隔离出去，比如 S&P1500 公司和 S&P1500 公司的董事关联就被人为地忽略掉，从而导致 S&P1500 公司董事的网络中心度要比实际值小。在我国，关于连锁董事的研究也大多具有该缺陷，如段海艳和仲伟周（2008）以 2006 年 12 月 31 日上海和广东上市公司作为研究对象，实证研究了企业性质、企业规模、企业盈利能力和偿债能力对企业连锁董事网络特征的影响，其中，国有企业更容易居于中心地位，企业规模是影响企业在连锁董事网络中结构嵌入程度的重要因素，企业的盈利能力和偿债能力对企业网络中的企业位置没有显著影响。卢昌崇、陈仕华（2006）运用 2003 年上海地区上市公司的数据对连锁董事网络的互惠理论假设进行了研究。任兵、区玉辉、彭维刚（2007）用 284 家上市公司连续 8 年的面板数据库来对上市公司的网络进行衡量。以上研究虽然能得出关于连锁董事现象的相关结论，但是人为隔断了整个上市公司的整体网络。所以，本章运用整个上市公司的连锁董事网络来研究，可以保证网络数据的完整性，避免人为地隔断网络带来的数据失真。

其次，本章要界定连锁董事联结关系的边界问题。在社会生活中，任何人都同时担任着多种社会角色。因此，任职于上市公司的董事不仅担任公司的董事的职务，还扮演着诸如企业管理者、大学教授、行业组织的领导者、政府机构工作人员、各种高级俱乐部的会员以及家庭中的角色等各种社会角色，因此，会嵌入在各种社会角色之中，也会相应带来多样化的关系网络，如公司管理者的网络、行业组织网络、政府机关网络、高级俱乐部会员网络、家庭成员关系网络等。本章界定连锁董事网络的联结关系就是将董事，以及董事之间通过在同一董事会任职而构成的网络。连锁董事网络的重点在于“董事—董事”之间联结关系所组建的网络。而对于连锁董事网络的“边”，则界定为连锁董事的交叉任职所构建的企业和企业之间的关联关系。

2.3.4 网络嵌入客体：个人和社会资本

20 世纪 90 年代社会资本理论成为学术界广泛关注的问题，从政治学、社会学、经济学、管理学等多学科角度进行了深入探讨，解释了经济的发展和社会的进步等问题。社会资本是在社会网络研究的基础上发展起来的，社会资本研究的对象是从自然人开始的，随后扩展到了组织和企业的概念，经历了从个人层面到组织层面的过程，从个人社会资本到企业社会资本转化的过程。

科尔曼指出“社会关系不仅是社会结构的组成部分，更是一种社会资源”。Lin（1981）指出，社会资源蕴含在社会关系网络之中，具体以声望、权利、财富等方式来体现，这种资源是存在于社会关系之中的，必须要通过人和人之间的交往才能产生，而且“社会资本是一种投资在社会关系中，并且希望得到回报的一种资源，这种资源镶嵌在社会结构之中”。Lin 以嵌入性网络位置和资源相结合，对社会资本进行重新定义，指出社会资本是一种资源，这种资源是镶嵌在一定的社会结构之中的，可以通过行动者有目的的使用来动员和获取。Thomas（1996）指出，社会资本是在个人社会发展过程中自发产生的，可以促进集体的发展。Nahapiet 和 Ghoshal（1998）指出，社会资本是资源的范畴，资源既包含现有资源，还包含潜在资源，这些资源嵌入在个人或是组织嵌入的关系网络之中，所以社会资本可以看作各种资源和网络的集合体。由此可见，连锁董事网络嵌入的客体形式上是个人和社会的关系，实质上是个人和企业的社会资本。

企业的管理者拥有的社会资本并不等同于企业的社会资本，

这是因为即使个人拥有社会资本，但不能为企业所利用，仍然无法实现个人社会资本向企业社会资本的转化（刘林平，2006）。所以，关于个人和企业的社会资本的转化问题，也日益重要。结合我国的文化特点，提倡个人对于组织和集体的贡献，因此，社会资本方面也强调个人对于集体利益的服从，运用个人的社会资本为组织谋求利益得到一定程度的提倡。Avidsson 等（2000）指出，作为企业高层管理者的企业家可以通过个人社会资本的利用和发掘，促进企业的发展。可见企业内部自然人的社会资本为企业的社会资本提供增量，并促进企业的成长和发展。企业由自然人组成，社会资本是由自然人之间的人际关系网络而产生的，企业包含了一般职工、中层管理者、高层管理者等各阶层的自然人，如何有效利用自然人的社会资本，实现个人资本向社会资本的转化成为企业最为关心的实际问题。因此，探索企业社会资本的成因，以及企业内部个人资本向社会资本的转化，成为企业关注的焦点。

在现阶段衡量个人和企业多层次的社会资本时，存在以个人社会中的“对内社会资本”和“对外社会资本”（Shipilov and Danis，2006）替代企业社会资本的混乱状态。也有学者通过企业高管是否在政府机关任职、是否有过跨行业的工作经验和领导经历、社会交往的广泛程度等指标来衡量企业的社会资本（边燕杰、邱海雄，2000）。这在一定程度上导致以重要的自然人社会关系替代企业或组织社会网络连接关系，虽然，这种替代方式为研究可操作性提供了便利和可能，但是，仍然存在混淆个人社会资本和企业社会资本的问题，因为，两种社会资本是基于不同的层面，只是简单地替代并不能厘清两者之间的关系和内在逻辑。

图 2－7 中给出了个人社会资本企业的社会资本关系，其中，

自然人的互动形成个人关系网络，个人社会资本就蕴含在其中。将企业社会资本分为现存的企业社会资本和潜在的企业社会资本，其中个人社会资本（A）蕴含在众多自然人的社会关系之中，但是，个人社会资本不可能全部为企业所用，因此，具有无法转化的社会资本（E），可以被企业利用的个人社会资本（B）通过一定的机遇为企业提供市场机遇、客户和提供信息等，内化为企业的社会资本，从而增加企业现存的社会资本（C），而由于个人的社会资本所带来的潜在的合作机会、潜在的客户、潜在的供应链条等，就构成了潜在的企业社会资本（D）。在图 2 –7 中从 A 到 B 是沉淀出能为企业现实所用的个人社会资本，而从 B 到 C 是个人社会资本向企业社会资本转化的过程，是企业社会资本积累的重要阶段。

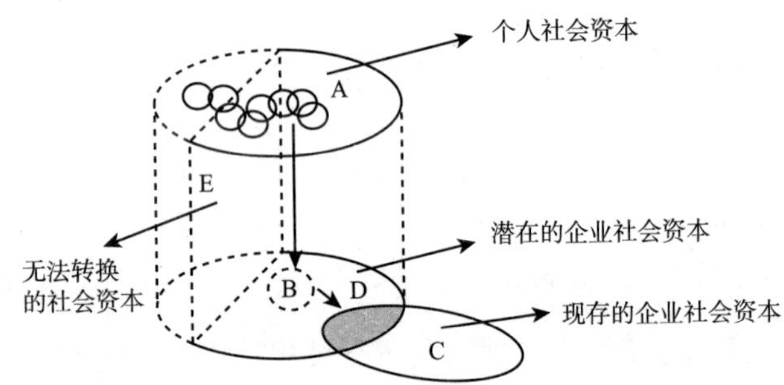

图 2 –7　个人社会资本向企业社会资本转化关系图

Lin（1982）在社会资源理论中指出，资源包含个人拥有的资源和社会资源两部分。前者包含个人的性别、种族、年龄等先天因素；后者是后天获得的，具体指的是嵌入个人的社会关系中人和人之间交流沟通所产生的社会网络中的资源，比如声誉、地位、权利等社会因素。因此，对连锁董事个人而言，其嵌入社会网络的目的是获取货币薪酬、奖金、股权和声誉等人利益；而对于企业而言是为获取异质性的信息和融资渠道等资源，从而有利于企业业务的拓展和市场机遇的把握。所以，连锁董事网络是在个人和企业的双重推动下建立起来的，为企业和个人的发展提供服务。

由于连锁董事“边界人”的角色，所以，会涉及连锁董事个人和连锁董事所在的企业两个方面，尽管，对连锁董事网络断裂连接的原因学者们曾展开过一系列的讨论，但是，争论的焦点是连锁董事网络服务的主要群体是个人还是组织。因此，不可否认连锁董事是从两方面的需求而建立的。从个人动机角度，个人会权衡企业带来的各种潜在的和现实的个人收益，从而决定对企业的战略决策、企业的发展规划、监督等职能的时间和精力付出，最终要达到个人预期的投入产出回报，只有当个人的收益能够满足其要求时，获得积极的反馈后连锁董事个人才会继续在企业中任职，并承担相应的职责。

从连锁企业的角度而言，企业具有获取资源的动机，这是由资源的稀缺性和企业内部资源的限制性决定的，企业要发展壮大必然要获取足够的资源，突破自身的资源瓶颈。因此，企业聘请董事形成和其他企业的连锁关系，以此来提升自身的资源获取和利用能力，以及对信息和周围竞争环境的把控能力。只有当企业通过连锁董事网络获取的收益大于其付出的成本时，企业得到积极反馈才会继续保持现有的网络连接关系。个人收益促使连锁董事重视对其职能的发挥，参与企业的管理职能和监督建议职能中来，而企业资源的获取为企业决策也提供了足够的信息和可利用资源，两者分别从公司治理的效率、效果和企业决策的有效性出发，共同促进企业绩效的提高。

连锁董事是个人和企业社会资本转化的“桥梁”。连锁董事网络是一种企业网络，是一种非正式的组织形式，在一定程度上补充了正式组织的资源的限制。连锁董事网络可以为企业带来董事个人所拥有的实践经验和其所在企业的社会资源，通过交叉任职的董事会，将董事个人拥有的社会资本转化为其任职企业的社会资本，通过提供行业内外信息、管理的实践经验、建立企业间的业务往来、政治关联等，影响公司的战略决策和创新的传递，并最终提升公司的价值（Wincent，2010；Larcker，Richardson and Seary，2005）。

连锁董事网络不仅仅传递对企业有利的影响，在一定程度上还会传播有损公司价值的信息和各种行动。比如，企业通过盈余管理来达到自身利益的最大化，发现前期的财务差错并对其进行重新调整，通过把期权日期改为当期价格最低点来保证高管的期权价值最大化等行为（Bizjak，Lemmon and Whitby，2009）。连锁董事网络是不断变化的，其变化不仅取决于个人的利益，还取决于公司利益，只要个人的利益和公司利益没有达到个人和公司的要求时，连锁董事网络就会发生断裂；如果个人的利益和公司的利益仍然能够保证或是再继续增加时，连锁董事网络就会发生建立或是进行断裂以后的重新构建。所以，连锁董事网络是在个人利益和公司利益基础上产生、发展、断裂、重构甚至消失的（卢昌崇、陈仕华，2009；Palmer，Friedland and Singh，1986）。

从公司层面而言，公司嵌入连锁董事网络后就形成了基于连锁董事的公司网络，这种公司网络可以传递信息以及企业经营所需的各种资源，因此，在一定程度上类似于企业的战略网络、上下游供应商网络、产业集群网络等企业网络形态的基本特征。当连锁董事网络是在跨行业和组织的情况下建立的，这种网络不仅可以为企业的发展提供战略联盟网络以及企业集群网络相类似的功能，还可以为企业带来和公司内部不同的异质性资源。连锁董事网络不仅可以通过网络传递企业的治理实践经验、企业的行业决策信息，还可以通过嵌入的连锁董事网络影响企业在财务重述，以及企业的行为传递、企业的共同合作操纵市场价格等（Chidambaran, Kedia and Prabhala, 2011; Podolny, 2001; Mizruchi, 1996），继而影响整个市场的运转。连锁董事网络之所以区别于战略网络、上下游供应商网络、产业集群网络等企业网络形态，是因为连锁董事网络是连接董事个人的微观层面和企业组织的宏观层面的"桥梁"，为连锁董事的个人资本和企业的社会资本相互连接，将连锁董事的个人资本转化为公司的社会资本，从而在两个层面——连锁董事个人层面和企业层面共同影响企业的决策和行动；同时，企业的战略决策以及行为可以通过连锁董事的传递影响整个市场，因此，连锁董事连接了连锁董事个人、基于连锁董事构建的企业网络和企业间行为传导影响的整个市场，从个人层面的微观层面、组织的中观层面和市场的宏观层面 3 个方面共同产生对企业行为和决策的影响。

董事之间的沟通更多的是同事，或是上下级的关系进行的正式交流、接触和沟通（陈运森，2013）。连锁董事网络由于具有非正式和松散的特点，其沟通实质上是比较弱的非正式沟通，其结构是较弱的社会结构（Lin, 2002）。在对参与者分配权威，以及规划位置和规则中几乎不具备任何正式性。Burt（1997）指出，在非正式网络中处于中心位置的行动者个体可以提高在组织中的经济报酬和地位；同时，靠近"结构洞"或"桥梁"的位置的行动者会获得更好的绩效或回报。相较于国外的连锁董事现象，我国呈现出更加明显的文化特征，"关系"在我国企业发展过程中扮演着更加重要的角色。在我国这种"关系型"社会中，连锁董事的关系网络嵌入并且缠结与社会结构和社会关系中，将企业和社会密切融为一体，连锁董事网络成员的交流和互动使得社会资本的凝聚和积累成为可能（Shropshire，2010）。由此可见，企业间连锁董事形成是围绕着社会精英的关系网络，为企业生存和发展提供了重要的社会资本（张祥建、郭岚，2014）。

连锁董事网络的特殊性在于：董事网络可以使董事个人社会资本转化成企业可利用的资源来影响企业决策，从而提升公司的价值，如为公司带来战略信息及管理实践等，利于建立商业联系（如客户网及供应链和政治关联等）和传播技术创新等（Wincent，Anokhin and Örtqvist，2010；Larcker，Richardson and Seary，2005）。因为连锁董事企业间的联系有利于企业获取最新的信息、知识和商业实践，在连锁董事网络中的企业更倾向于组织间的学习，从而促进企业创新。

第3章 企业创新投入、高管团队多样性与企业创新

3.1　相关研究概述

创新是企业获得并保持竞争优势的关键，我国颁布的“中国制造 2025”规划中特别强调“创新驱动，质量为先”的基本方针，将创新摆在推动企业发展全局的核心位置（刘学元、丁雯婧、赵先德，2016）。但随着市场竞争的加剧、科技和产业的发展，企业创新面临着更高的不确定性，网络成为创新的重要环境特征（徐建中、徐莹莹，2015）。企业通过社会网络获得有关创新的信息和资源（Gulati，Nohria and Zaheer，2000），成为对正式市场制度的补充，进而对企业创新绩效产生积极影响。企业间的网络关系成为制度环境下资源分

布不均衡的非制度补充（朱丽、柳卸林、刘超，等，2017）。在企业间创新合作成为普遍现象时，使企业内外部社会资本在开放式创新环境下有机整合，外部网络效应和内部创新绩效的结合共同提升创新转化过程的效率日益重要。随着网络理论在创新研究中的应用，网络对创新的影响成为研究热点。

现有研究表明，外部社会资本将带来创新性更强的机会（张玉利、杨俊、任兵，2008）、增强创新绩效（唐朝永、陈万明、彭灿，2014），内部社会资本将通过知识螺旋对创新产生积极影响（戴万亮、张慧颖、金彦龙，2012），高管团队的社会资本将通过提高行为整合水平进而对团队决策产生影响（古家军、王行思，2016）。对影响企业创新成功的重要因素要从企业内外两方面着手进行分析，但现有文献未对内外部社会资本在影响创新时可能存在的交互作用进行深入探讨。本章考察了以下三个问题：第一，企业内部创新投入是否会对外部社会资本产生影响？若有影响，外部社会资本将如何作用于企业创新绩效？第二，创新投入向创新绩效转化的过程是否受企业内部社会资本的影响？第三，内外部社会资本是否对创新具有协同推动作用？

我们关注外部网络位置优势给企业带来的积极作用。声望高的行动者将在社会网络中享有更高的影响力，对企业获得社会资本产生间接积极效应，而具有控制优势的“结构洞”，将通过信息利益和控制利益直接给行动者带来更多回报。因此，本章利用外部网络声望和权力衡量企业的网络位置优势，代表企业外部社会资本获取能力的高低；而外部网络优势需要和内部社会资本相结合，才能更好地发挥积极作用。基于高管团队的多样性能够带来的决策优势和凝聚力优势，将高管团队多样性视为企业的内部社会资本。内外社会资本结合对创新转化过程的协同影响机制的探索，为我们厘清内外部社会资本结合作用于创新投入创新绩效开拓了有益的研究视角。

A股上市公司董事的兼任情况，形成了一张巨大的上市公司连锁董事网络，为本章提供了理想的样本。为了验证研究假设，本章以2008—2013年我国A股上市公司连锁董事全网络企业为研究对象，分析高管团队多样性为代表的内部社会资本，和企业外部网络声望、网络权力在创新投入向创新绩效转化过程中的协同作用机制，即企业内外部资本的协同影响作用。本书的研究贡献主要体现在三个方面。第一，探索了内外部社会资本的相互作用和协同机制，拓展了以往社会资本对创新绩效的作用的研究；第二，基于资源依赖理论和社会资本理论建立的研究模型，深化了“资源”的内涵；第三，从网络视角丰富了高管团队推动企业创新的直接和间接机制，为企业进行高管团队管理和高管团队进行创新管理提供启示。

3.2 文献回顾与研究假设

3.2.1 高管团队的多样性

基于高层梯队理论，高管的工作经历、价值观和个性特征对其如何识别外部环境中的机会和威胁产生重要影响，并影响他们的行为选择（Hambrick，2007）。在企业经营过程中，高管的决策受到其认知基础的限制（Yuan，Guo and Fang，2014），具有不同职能背景的高管成员在经营知识、态度和观点上有所不同（Hambrick and Mason，1984），他们根据自己独有的实践经验对公司的创新投入发表独到的意见（Wiersema and Bantel，1992），进而对团队决策产生影响。因此，在研究高管团队的价值创造过程时，关注整个高管团队将比关注高管个人更有意义。

实证研究表明，高管团队高多样性和高教育水平将有助于企业进行复杂决策，并对企业创新绩效有积极影响（Bantel and Jackson，1989；Bantel，1993；Pegels et al.，2000；Wiersema and Bantel，1992；Tihanyi，Ellstrand and Daily et al.，2000；古家军、胡蓓，2008）。Hambrick 和 D'Aveni（1992）的研究表明，企业规模越大，越需要更高的高管团队成员多样性，以优化企业决策。因此，研究企业的战略选择有必要考虑高管团队成员的多样性。

3.2.2 创新投入与企业网络位置

创新投入在一定程度上代表企业的潜在创新能力（Griliches，1979；Scherer，1982；Huang，Lin and Wu et al.，2015），持续的创新资源投入意味着企业内部资源的充足性。个人层面的职业声望研究表明，拥有某些特定的资源将给个人带来高声望（蔡禾、赵钊卿，1995）。在本章中，我们认为，企业资源的投入作为一种信号，将通过以下三种方式为企业带来外部网络声望。第一，创新作为一个过程，需要企业进行持续的资源投入，当企业进行持续性的长期投资时，将会给其他网络行动者传递企业是可靠和值得信赖的信号。因此，网络中其他行动者将更愿意与之进行研发合作，提高了企业的外部声望（单明辉、牛尔力、陈君，2008）。第二，有市场竞争力的企业才有能力进行较高的创新投入，在创新驱动发展的时代企业过去的创新投入将直接成为影响企业声望的信号。第三，创新过程伴随着高风险和不确定性，企业在创新过程中持续且稳定的创新投入将提高合作者对其的信任程度，获得更高的合法性认可，为进一步网络声望的获得提供便利（朱丽、柳卸林、刘超，等，2017）。综上所述，我们提出：

假设1a：创新投入与企业外部网络声望正相关。

根据资源基础理论可知，对关键资源的控制是权力的重要来源（Rajan and Zingales，1997），由于资源质量和数量的多样性，不同的资源拥有者将享有不同的权力水平（孙国强、窦捷、吉迎东，2018）。一般意义上，企业拥有的资源越多、拥有的资源越稀缺，就能够获得越多的权力。因此，网络中行动者的权力来自其他行动者对其资源的依赖性，具有资源优势的行动者将在网络关系中享有更高的权力。在本书中，我们认为，创新投入可看作企业的内部可用资源，尤其当企业创新投入的规模和质量具有异质性时，将提高网络中其他企业对本企业的资源依赖程度，给企业带来更高的外部网络权力。基于此，我们提出：

假设1b：创新投入与企业外部网络权力正相关。

3.2.3 企业网络位置的中介作用

创新过程伴随着高风险（曾萍、邓腾智、宋铁波，2013），需要投入大量资源，内部资源投资水平是创新成功的重要决定因素（Griliches，1979；Scherer，1982）。研究表明，创新投入能够提高企业的研发能力（Huang，Lin and Wu，2015）和企业吸收外部知识的可能性（Cassiman and Veugelers，2006），以提高企业创新绩效。因此，创新投入能够有效促进企业创新绩效的提升。

外部社会资本嵌入在个人、团体或国家相互联系的社会网络中，并能够通过社会网络获取（Bolino and Turnley，2002；Inkpen and Tsang，2005）。在创新过程中，企业外部社会资本通过知识溢出效应（王雷，2013）、创新机会识别（张浩、孙新波，2017）等对企业创新绩效产生积极影响。拥有良好网络地位的企业有更多获取外部多样性信息和资源的机会（Coleman，2000），因此，具有更好的创新绩效；同时，上市公司的优势社会网络位置将促进高管对职责的履行，进而对企业结果和绩效产生正向影响（宁美军、赵西卜、朱丽，2018）。

企业网络声望作为企业的外部社会资本，将在以下几个方面对企业创新产生正向影响。第一，创新是具有高风险并需要大量资源投入的过程，高声望的企业将获得更多与其他行动者合作的机会，提高企业创新成功的可能性（朱丽、柳卸林、刘超，等，2017）。第二，企业由于自身的高声望或受欢迎程度，能够提高与其他企业的沟通水平，从外部获取更多的信息和资源。根据资源基础理论可知，获取合作和实用信息是企业拥有的可以促进创新的异质性资源。第三，高声望企业获得的高信任程度将加深企业间的合作程度，保证企业间充分的技术交流和经验分享（朱丽、柳卸林、刘超，等，2017），提升企业的创新绩效，促进企业创新绩效的提高。结合假设 1a 和 1b，我们提出：

假设 2a：企业网络声望在创新投入与创新绩效之间有部分中介作用。

Ibarra（1993）将潜在权力定义为权力的基础和来源，将权力的运用定义为影响结果的能力。由于社会网络权力取决于企业的网络位置（朱丽、柳卸林、刘超，等，2017），有关网络权力的相关研究往往与网络中心度相结合（Ibarra，1993）。Burt（1995）认为，在网络中占据“结构洞”的行动者将获得更多信息，并拥有对其他行动者的控制权。因此，网络位置较好的企业可以获得更多有用的信息以促进创新的成功，并且通过对其他行动者的影响使更多资源流入企业。从资源基础理论可知，控制资源的力量或能力，包括对有关创新机会的信息的掌握是创新的关键，因此，对资源的高控制力将促进企业创新的成功。基于以上论述，我们提出：

假设2b：企业网络权力在创新投入与创新绩效之间有部分中介作用。

3.2.4　高管团队多样性的调节作用

创新机会的发现和整个创新过程的控制取决于高管团队对信息的处理（王燕妮、宋婷，2013），这要求高管有判断复杂细节并解释困惑问题的能力（马富萍、郭晓川，2010）。高管团队多元化的职业背景为企业带来多元化的认知资源（陈忠卫、常极，2009），在有限理性条件下，不同的职业背景给管理者提供不同的知识、认知和偏好（Hambrick and Mason，1984），影响管理者对外部环境的理解和战略的选择（马富萍、郭晓川，2010）。首先，多样化的背景为高管团队提供更加广泛的行业连接，团队能够通过网络获得更多样化的信息，这会激发高管团队更深层次的理解（Smith and Tushman，2005），有利于全面解决问题。其次，高管团队不同的职业背景所带来的多元信息和观点为团队的内部沟通和相互学习提供了机会和条件，工作背景的不同使成员间的知识结构和经验具有强互补性（Flynn，Chatman and Spataro，2001），这促进了团队内的知识分享，有利于提高高管团队在创新过程中决策的质量，更好地控制和管理创新过程。最后，高管团队多样性蕴含的企业外部搜索宽度和深度，将增加创新活动中风险和不确定因素的应对优势（陈春花、朱丽、宋继文，2018），进而对创新过程的效率和创新成果的成功率产生影响。故我们提出：

假设3：高管团队多样性正向调节创新投入与创新绩效的关系，即创新投入和创新绩效之间的正相关关系在高管团队多样性高的情况下比高管团队多样性低的情况下强。

以往研究主要考察企业外部社会资本对创新的影响，但对内部和外部社会资本之间可能存在的关系，或内部和外部社会资本之间的相互作用可能对创新产生的影响未给予足够的重视。现有研究表明，外部和内部社会资本及其相互作用对企业核心能力的提升（王凤彬、江鸿、吴隆增，2008）、创新绩效以及内部和外部社会资本的协作具有显著的正向影响，原因包括但不限于以下三个方面。第一，当面临丰富的外部社会资本时，较高水平的内部社会资本意味着高管团队需要较少的时间和精力，即可获取外部关系所提供的资源（Castro，Periñán and Bueno，2016）。第二，拥有社会资本并不一定意味着对社会资本的完全利用（Kwon and Adler，2014），通过外部社会资本获得的重要信息和资源可能未被最大化其效用。正如我们在理论回顾中所述，高管团队多样性被视为有利于企业处理各种信息和资源的内部社会资本。在本章中，我们认为，更高的高管团队多样性可以促进企业对外部社会资本的利用（Castro，Periñán and Bueno，2016）。第三，对外部社会资本的过度关注会使企业对外部环境变化的敏感性降低（王玲玲、赵文红，2017），而内部社会资本则使企业保持一定的主动权。内部社会资本较高时，企业学习和吸收信息、资源的能力就越强，进而提高利用外部社会资本的能力（程聪、谢洪明、陈盈，等，2013）。因此，本书认为，高管团队多样性可以提高企业外部声望和权力带来的信息和资源的利用率，提高企业的外部社会资本利用能力。

假设4a：高管团队多样性正向调节企业网络声望与创新绩效的关系，即企业网络声望和创新绩效之间的正相关关系在高管团队多样性高的情况下比高管团队多样性低的情况下强。

假设 4b：高管团队多样性正向调节企业网络权力与创新绩效的关系，即企业网络权力和创新绩效之间的正相关关系在高管团队多样性高的情况下比高管团队多样性低的情况下强。

3.3　研究设计与样本选择

3.3.1　样本选取与连锁董事网络构建

在我国经济转型时期，企业面临着市场风险和制度不确定性，使企业在市场上进行资源和信息获取具有一定的局限性（朱丽、刘军、刘超，等，2017），“关系”和社会资本成为正式制度的重要替代机制，并对企业的成功产生重要影响（Buderi and Huang，2007）。连锁董事能够作为“桥梁”使信息在企业之间便利地流动，连锁董事网络反映了企业之间的依赖关系（朱丽、刘军、刘超，等，2017）。本章数据来源于国泰安上市公司数据库、上交所和深交所，个人信息参考上市公司年报，运用 UCINET6.0 创建以连锁董事为纽带的、不同上市公司董事会之间的矩阵关系。在剔除网络外上市公司、金融样本和 ST、ZT 公司，并排除创新信息缺失、同名不同人的信息后，利用剩余 5131 个有效样本（1476 家上市公司）构建 2008—2013 年上市公司连锁董事网络。

3.3.2　变量与测量

（1）因变量：创新绩效。根据 WIND 数据库对上市公司专利数据的披露，按照发明专利 0.5、实用新型 0.3、外观设计 0.2

的比例，将专利数据进行加权后的自然对数作为指标衡量上市公司的创新绩效（余泳泽、刘大勇，2013）。

（2）自变量：创新投入。以国泰安数据库中上市公司披露的研发资金投入的自然对数作为衡量指标。

（3）中介变量：企业外部网络声望和网络权力。本文采用3种声望衡量指标（汪云林、韩伟一，2006；张星、魏淑芬、夏火松，等，2012）中的度声望指标，运用UCINET6.0对外部网络中与本企业有直接连接的企业数量进行计算，代表企业的网络声望（朱丽、柳卸林、刘超，等，2017），其计算方式为：

$$PER = \sum_{i=1}^{n} a(p_i, p_k)$$

若两个公司之间有连接（具有同一董事），则 $a(p_i, p_k) = 1$，否则 $a(p_i, p_k) = 0$. 企业的网络中心度和企业的总连接数相同（朱丽、柳卸林、刘超，等，2017）。

网络权力。“结构洞”将给企业带来控制优势（Burt，2009），企业占据的“结构洞”越多，越可能成为企业之间的“桥梁”，导致其他企业对自身的依赖，从而产生网络权力。运用有效规模指标衡量企业的“结构洞”，即网络行动者的个体网络规模减去网络冗余度（Redundancy）。该指标越大代表企业占据的“结构洞”越多，产生的网络权力也越大（朱丽、柳卸林、刘超，等，2017），计算方式如下：

$$PWR = \sum_{i} \left(1 - \sum_{q} P_{iq} m_{jq}\right), q \neq i, j$$

式中：j代表和行动者连接的所有点，q是指除了i以外的每个第三者。括号内部的 $P_{iq} m_{jq}$ 代表自我点和特定点j存在的冗余度。P_{iq} 代表投入q的关系所占的比例，m_{jq} 投入是j到q的关系边界强度，等于j到q的关系和j到其他关系点中最大值的比例。乘积 $P_{iq}m_{jq}$ 是 i 与 j 的关系相对于 i 与其他关系点的关系的比例。

（4）调节变量：高管团队的多样性。职业背景涵盖生产、研发、设计、人力资源、管理、市场、金融、财务、法律和其他，均来源于国泰安数据库。以企业内高管团队中高管成员的职业背景类型数量作为高管团队多样性职业背景的衡量指标。

（5）控制变量：企业规模为企业员工总人数的自然对数，企业年龄为企业成立到现在的年数，控制人性质把国有企业定义为1（其他为0），董事长和总经理两职兼任定义为1（其他为0），董事会规模为董事会人数总和，并对企业所处的行业和年度效应进行控制。为避免极端值对回归结果的影响，本章对变量进行1%的Winsorize处理（朱丽、柳卸林、刘超，等，2017；谷玉飒，2018）。为验证创新投入、网络声望和权力、高管团队的多样性和企业创新绩效间的因果关系，自变量创新投入、调节变量高管团队的多样性采用t期数据，中介变量网络声望和权力采用t+1期数据，因变量创新绩效采用t+2期数据。

本章的主要变量指标说明如表3-1所示。

表3-1　　主要变量指标说明

变量	符号	变量名称	变量定义
因变量	INNO_O	创新绩效1	第t+2年末企业被授予专利数的自然对数
	INNO_A	创新绩效2	第t+2年末企业申请专利数的自然对数
自变量	INVE_INNO	创新投入	第t年末企业创新投入的自然对数
中介变量	PRE	网络声望	第t+1年末企业网络中的中心度
	POW	网络权力	第t+1年末企业网络的整体影响规模

续表

变量	符号	变量名称	变量定义
调节变量	TMT_CB_S	高管团队多样性1	第t年末企业高管团队多样化职业背景的总数
	TMT_CB_M	高管团队多样性2	第t年末企业高管团队多样化职业背景的平均数
控制变量	SCALE	企业规模	第t年末企业员工人数的自然对数
	AGE	企业年龄	企业成立时间到第t年的时期长度
	SOE	控制人性质	哑变量，第t年末实际控制人为国有企业为1，否则为0
	DUAL	两职兼任	哑变量，第t年末董事长和总经理两职为同一人则为1，否则为0
	BOARD	董事会规模	第t年末董事会规模
	IND	所处行业	哑变量，参照2001年证监会行业分类设置
	YEAR	年份	数据收集年份

3.4 回归分析与假设检验

3.4.1 相关分析

研究变量如表3-1所示，变量间的相关关系如表3-2所示，表3-4报告了回归分析结果。本章中VIF<6，低于上限10（Kleinbaum，Kupper and Muller，1988），表明本章不存在严重的潜在共线性威胁。

表3-2 变量之间的相关关系描述

变量	INNO_O	INVE_INNO	TMT_CB_S	TMT_CB_M	PRE	POW
INNO_O	0.677***	1				
INVE_INNO	0.450***	0.407***	1			
TMT_CB_S	0.236***	0.195***	0.277***	1		
TMT_CB_M	0.089***	0.044**	0.053***	0.585***	1	
PRE	0.121***	0.117***	0.173***	0.112***	0.0130	1
POW	0.146***	0.142***	0.191***	0.135***	0.0160	0.953***
MEAN	22.110	17.459	31.052	1.784	5.326	3.905
SD	48.526	1.314	10.134	0.287	3.175	2.665

注：* 表示 $p<0.10$，** 表示 $p<0.05$，*** 表示 $p<0.01$，下同。

3.4.2 假设检验

回归分析结果如表3-3所示。在讨论研究假设中自变量、中介变量和调节变量对因变量的影响之前，先对研究中的控制变量的影响进行检测，模型1（表3-3）表明，实际控制人的性质（$\beta=-13.020$，$p<0.05$）、企业规模（$\beta=15.896$，$p<0.01$）和董事会规模（$\beta=1.870$，$p<0.01$）对创新有显著影响，而年龄（$p>0.1$）对创新的影响不显著。在此基础上，我们进行了假设检验。模型3和模型4（表3-3）表明，创新投入与企业网络声望（$\beta=0.309$，$p<0.01$）和网络权力（$\beta=0.258$，$p<0.01$）有显著的正相关关系，支持假设1a和假设1b。模型2、模型5和模型6检验了企业网络声望和网络权力的中介效应，在模型2中，创新投入与创新显著正相关（$\beta=12.293$，$p<0.01$），当网络声望（$\beta=12.142$，$p<0.01$）和网络权力（$\beta=12.061$，$p<0.01$）加入模型时，我们发现创新投入与创新之间的关系被削弱，但仍然显著，且企业网络声

望（$\beta = 0.488$，$p < 0.1$）和网络权力（$\beta = 0.898$，$p < 0.01$）与创新均显著正相关，证明了声望和权力的部分中介作用，支持假设 2a 和假设 2b。

在表 3-3 模型 9 和模型 10 中，高管团队不同职业背景总数和创新投入的交互项对创新有显著正向影响（$\beta = 0.633$，$p < 0.01$），且高管团队不同职业背景的平均数和创新投入的交互项对创新也存在显著正向影响（$\beta = 15.983$，$p < 0.01$），支持假设 3。

表 3-3 模型 11 表明，高管团队不同职业背景的总数和企业网络声望与创新显著正相关（$\beta = 0.089$，$p < 0.05$），在模型 12 中，高管团队不同职业背景的平均数和企业网络声望也与创新显著正相关（$\beta = 1.693$，$p < 0.1$）。模型 13 和模型 14 表明，高管团队不同职业背景的总数和企业网络权力的交互项（$\beta = 0.138$，$p < 0.01$），以及高管团队不同职业背景的平均数和企业网络权力的交互项（$\beta = 3.058$，$p < 0.01$）均与创新显著正相关。因此，假设 4a 和假设 4b 得到支持。

3.4.3 稳健性检验

考虑到变量测量误差可能带来的估计偏差，本章对核心变量创新绩效采用了不同的测量方式进行回归分析，进一步检验我们估计结果的稳定性。

在稳健性检验中，对企业创新绩效进行替换，我们使用企业在第 t+2 年末申请专利数代替被授予专利数作为创新绩效的代理变量，对本章提出的所有假设进行了稳健性检验。结果如表 3-4 所示，所有假设均得到支持，本章结论具有良好的稳健性。

表 3－3　创新投入、内外部社会资本和创新绩效关系回归分析

变量	模型 1	模型 2	模型 3	模型 4	模型 5	模型 6	模型 7	模型 8	模型 9	模型 10	模型 11	模型 12	模型 13	模型 14
	INNO_0	INNO_0	PRE	POW	INNO_0	INNO_0	PRE	POW	INNO_0	INNO_0	INNO_0	INNO_0	INNO_0	INNO_0
INVE_INNO		12.293 *** -13.21	0.309 *** -6.17	0.258 *** -6.39	12.142 *** -12.88	12.061 *** -12.89			9.286 *** -10.05	11.263 *** -12.23	11.809 *** -12.73	11.996 *** -12.83	11.715 *** -12.75	11.916 *** -12.85
PRE					0.488 * -1.9						0.165 -0.74	0.312 -1.27		
POW						0.898 *** -2.94							0.427 -1.61	0.633 ** -2.17
TMT_CB_S							0.020 *** -3.44		0.345 *** -3.82		0.604 *** -5.38		0.596 *** -5.35	
TMT_CB_M								0.392 *** -2.61		9.501 *** -4.59		13.705 *** -4.79		13.753 *** -4.81
INVE_INNO x TMT_CB_S									0.633 *** -6.07					
INVE_INNO x TMT_CB_M										15.983 *** -4.22				
PRE x TMT_CB_S											0.089 ** -2.31			

续表

变量	模型 1	模型 2	模型 3	模型 4	模型 5	模型 6	模型 7	模型 8	模型 9	模型 10	模型 11	模型 12	模型 13	模型 14
	INNO_0	INNO_0	PRE	POW	INNO_0	INNO_0	PRE	POW	INNO_0	INNO_0	INNO_0	INNO_0	INNO_0	INNO_0
PRE x TMT_CB_M												1.693 * -1.72		
POW x TMT_CB_S													0.138 *** -3.03	
POW x TMT_CB_M														3.058 *** -2.58
SOE	-13.020 ** -2.39	-15.280 *** -2.85	-0.705 * -1.86	-0.206 -0.65	-14.936 *** -2.78	-15.095 *** -2.82	-0.807 ** -2.13	-0.199 -0.62	-17.808 *** -3.28	-16.501 *** -3.07	-19.836 *** -3.55	-16.261 *** -3.02	-19.608 *** -3.51	-16.169 *** -3.01
SCALE	15.896 *** -13.11	7.521 *** -7.73	0.132 ** -2.24	0.141 *** -2.88	7.456 *** -7.65	7.394 *** -7.6	0.317 *** -6.27	0.323 *** -7.68	6.790 *** -7.26	7.307 *** -7.77	6.884 *** -7.32	7.758 *** -7.92	6.729 *** -7.16	7.654 *** -7.85
AGE	-0.199 -1.32	-0.049 -0.34	0.013 -1.23	0.015 -1.64	-0.055 -0.38	-0.062 -0.43	0.011 -1	0.014 -1.51	0.001 -0.01	0.045 -0.31	-0.04 -0.28	0.007 -0.05	-0.047 -0.33	-0.001 -0.01
DUAL	6.217 *** -4.11	5.321 *** -3.65	-0.037 -0.34	0.019 -0.21	5.339 *** -3.66	5.304 *** -3.64	0.012 -0.11	0.028 -0.31	5.325 *** -3.78	4.987 *** -3.48	5.719 *** -3.93	4.799 *** -3.32	5.594 *** -3.84	4.693 *** -3.24
BOARD	1.870 *** -2.85	1.306 ** -2.11	0.262 *** -7.47	0.257 *** -8.79	1.178 * -1.92	1.075 * -1.76	0.238 *** -6.44	0.267 *** -9.09	-0.018 -0.03	1.287 ** -2.16	0.028 -0.05	1.137 * -1.87	-0.123 -0.20	1.023 * -1.69

续表

变量	模型1	模型2	模型3	模型4	模型5	模型6	模型7	模型8	模型9	模型10	模型11	模型12	模型13	模型14
	INNO_0	INNO_0	PRE	POW	INNO_0	INNO_0	PRE	POW	INNO_0	INNO_0	INNO_0	INNO_0	INNO_0	INNO_0
YEAR	Y	Y	Y	Y	Y	Y	Y	Y	Y	Y	Y	Y	Y	Y
INDU	Y	Y	Y	Y	Y	Y	Y	Y	Y	Y	Y	Y	Y	Y
CONS	-130.803 ***	-261.556 ***	-2.999 ***	-3.985 ***	-260.092 ***	-257.[illegible]75 ***	0.55	-1.863 ***	-202.933 ***	-258.934 ***	-246.859 ***	-279.438 ***	-243.851 ***	-277.045 ***
	-11.88	-14.77	-3.38	-5.50	-14.65	-14.60	-0.8	-3.00	-13.17	-15.32	-14.48	-14.85	-14.43	-14.85
N	4012	4012	4012	4012	4012	4012	4012	4012	4012	4012	4012	4012	4012	4012
R^2	0.172	0.235	0.069	0.084	0.236	0.237	0.063	0.076	0.283	0.257	0.25	0.242	0.253	0.245
F	11.374	11.8	8.955	10.631	11.583	11.537	8.484	9.876	14.134	12.535	11.557	11.083	11.592	11.07

注：* 表示 $p<0.10$，** 表示 $p<0.05$，*** 表示 $p<0.01$（双尾检验）。

表 3－4　创新投入、内外部社会资本和创新绩效关系回归分析（稳健性检验）

变量	模型 1	模型 2	模型 3	模型 4	模型 5	模型 6	模型 7	模型 8	模型 9	模型 10	模型 11	模型 12	模型 13	模型 14
	INNO_A	INNO_A	PRE	POW	INNO_A	INNO_A	PRE	POW	INNO_A	INNO_A	INNO_A	INNO_A	INNO_A	INNO_A
INVE_INNO		7.839 *** -10.34	0.295 *** -5.07	0.237 *** -5.11	7.733 *** -10.1	7.682 *** -10.1			5.782 *** -8.06	7.348 *** -9.83	7.563 *** -10.07	7.687 *** -10.07	7.495 *** -10.06	7.631 *** -10.08
PRE					0.358 * -1.84						0.16 -0.89	0.289 -1.52		
POW						0.661 *** -2.82							0.363 * -1.67	0.570 ** -2.54
TMT_CB_S							0.020 *** -3.1		0.088 -1.29		0.290 *** -3.44		0.284 *** -3.4	
TMT_CB_M								0.321 * -1.94		2.826 ** -2.06		5.043 ** -2.54		5.022 ** -2.52
INVE_INNO x TMT_CB_S									0.408 *** -4.61					
INVE_INNO x TMT_CB_M										7.125 *** -2.66				
PRE x TMT_CB_S											0.056 ** -2.1			

续表

变量	模型 1	模型 2	模型 3	模型 4	模型 5	模型 6	模型 7	模型 8	模型 9	模型 10	模型 11	模型 12	模型 13	模型 14
	INNO_A	INNO_A	PRE	POW	INNO_A	INNO_A	PRE	POW	INNO_A	INNO_A	INNO_A	INNO_A	INNO_A	INNO_A
PRE x TMT_CB_M												0.612 -1.06		
POW x TMT_CB_S													0.092 *** -2.78	
POW x TMT_CB_M														0.962 * ① -1.36
SOE	-6.311 -1.43	-8.803 ** -2.03	-0.532 -1.24	-0.077 -0.21	-8.613 ** -1.98	-8.753 ** -2.02	-0.629 -1.46	-0.05 -0.14	-9.508 ** -2.16	-9.631 ** -2.17	-11.459 ** -2.51	-9.330 ** -2.11	-11.333 ** -2.48	-9.384 ** -2.13
SCALE	11.214 *** -11.75	5.898 *** -7.32	0.205 *** -3.16	0.220 *** -4.08	5.825 *** -7.28	5.753 *** -7.21	0.378 *** -6.83	0.386 *** -8.43	5.540 *** -6.94	5.748 *** -7.25	5.541 *** -7.04	5.957 *** -7.36	5.404 *** -6.87	5.874 *** -7.28
AGE	-0.017 -0.14	0.076 -0.64	0.005 -0.41	0.007 -0.75	0.074 -0.62	0.071 -0.6	0.003 -0.26	0.006 -0.62	0.107 -0.9	0.119 -0.98	0.085 -0.72	0.096 -0.8	0.081 -0.69	0.092 -0.77
DUAL	3.142 *** -2.82	2.717 ** -2.54	0.01 -0.09	0.065 -0.66	2.713 ** -2.53	2.674 ** -2.5	0.05 -0.42	0.07 -0.71	2.613 ** -2.5	2.582 ** -2.41	2.786 ** -2.54	2.510 ** -2.31	2.682 ** -2.45	2.464 ** -2.27
BOARD	1.875 *** -3.29	1.514 *** -2.79	0.257 *** -6.78	0.247 *** -7.81	1.423 *** -2.6	1.351 ** -2.49	0.232 *** -5.77	0.256 *** -8.05	0.898 * -1.71	1.527 *** -2.84	0.845 -1.52	1.402 ** -2.57	0.74 -1.34	1.329 ** -2.45

① 单尾检验

续表

变量	模型 1	模型 2	模型 3	模型 4	模型 5	模型 6	模型 7	模型 8	模型 9	模型 10	模型 11	模型 12	模型 13	模型 14
	INNO_A	INNO_A	PRE	POW	INNO_A	INNO_A	PRE	POW	INNO_A	INNO_A	INNO_A	INNO_A	INNO_A	INNO_A
YEAR	Y	Y	Y	Y	Y	Y	Y	Y	Y	Y	Y	Y	Y	Y
INDU	Y	Y	Y	Y	Y	Y	Y	Y	Y	Y	Y	Y	Y	Y
CONS	-91.024 ***	-175.173 ***	-3.194 ***	-4.032 ***	-174.031 ***	-172.509 ***	0.267	-2.000 ***	-136.086 ***	-170.991 ***	-166.863 ***	-181.236 ***	-164.682 ***	-179.553 ***
	-9.94	-12.00	-3.12	-4.83	-11.91	-11.87	-0.35	-2.87	-11.36	-11.94	-11.88	-11.83	-11.86	-11.82
N	3413	3413	3413	3413	3413	3413	3413	3413	3413	3413	3413	3413	3413	3413
R^2	0.172	0.218	0.069	0.084	0.219	0.22	0.064	0.078	0.25	0.225	0.225	0.22	0.229	0.221
F	7.099	7.711	8.134	9.545	7.529	7.543	7.942	9.075	8.219	7.435	7.255	7.116	7.345	7.14

注：* 表示 $p<0.10$，** 表示 $p<0.05$，*** 表示 $p<0.01$（双尾检验）。

3.5　本章小结

大量实证研究表明，创新投入在创新的成功中起着重要作用（Griliches，1979），但创新过程中投入与产出之间的转换机制将受到什么影响？本章从内部和外部社会资本的角度，利用内部高管团队的多样性和外部网络位置共同对此问题进行了解释。

根据资源基础观理论，企业的社会资本是企业创新绩效的基本要素（Subramaniam and Youndt，2005）。本章发现企业内部和外部社会资本显著提高了创新过程中投入产出效率。通过建立企业内部和外部社会资本之间的联系，我们界定了创新过程中的内外联动机制。

企业嵌入在社会网络中，因此，其外部网络位置对企业研发和创新机会的发现至关重要（Granovetter，1985），外部网络位置的优势将带来资源利益和控制利益（Burt，1992），但现有研究很少考虑企业网络位置对创新投入产出过程的影响。研究结果表明，企业优势网络位置在创新投入和创新中具有一定的中介效应，当企业内部社会资本较高时，这种影响更为突出。一方面，占据良好网络地位的企业利用声望的影响力，能够获得更多与他人合作的机会；另一方面，由于对信息、资源甚至其他企业的控制，权力高的行动者更易获得创新优势。

本章还表明，内部高管团队的多样性与企业外部网络位置之间的交互作用影响企业的创新。以往研究仅关注社会资本对创新的影响，但机遇、信息、资源和创新投入是企业创新的客观条件，创新的成功取决于企业的主动行为。多样性的高管团队能够依靠更好的决策过程、更加多样化的信息和资源，以及更好的创新管理过程，更有效地利用外部条件进行创新；同时，由于高管团队多元化的职业背景带来的资源和声誉向企业的传递，企业外部网络位置将发生积极变化，高管团队多元化的职业背景正向调节创新投入与创新，以及企业外部网络位置与创新之间的关系。

综上所述，本章通过对企业内部和外部社会资本的综合分析，增强了我们对创新投入产出过程中调节机制的理解。研究表明，企业外部网络位置部分地调节了创新投入和创新的正相关关系；同时，高管团队多元化的职业背景调节了创新投入与创新、企业外部网络位置与创新之间的关系，并对企业外部网络位置产生积极的影响。最终，我们的研究为理解创新投入、企业网络地位、高管团队的多样性和创新之间的关系提供了实证支持。通过提出内部和外部社会资本的测量方式，我们为企业社会资本和网络创新的相关理论与实践作出了贡献。

第 4 章

高管异质行业连接、网络权力与企业创新

4.1　相关研究概述

随着全球一体化和知识经济时代的到来，创新日益成为企业和国家构建核心竞争能力的重要来源。创新过程具有不确定性和复杂性，且需要较多的资源投入（曾萍、邓腾智、宋铁波，2013），而我国处于转型经济时期，制度因素的资源分配不足使企业无法获得充分资源，因此，如何获取创新所需的资源是制约企业创新活动的关键。社会网络领域研究指出，网络中蕴含丰富且可以获得的资源（尉建文、赵延东，2011），企业可以通过网络关系等非制度因素，对制度因素导致的资源获取不足进行补充，所以嵌入网络关系对企业进行创新资源的获取

至关重要。“嵌入性”由Polanyi（1944）提出，“嵌入性”指出企业的经济行为是嵌入在所处的社会关系之中（Granovetter，1985），嵌入式关系引发了学术界广泛关注（张惠琴、尚甜甜、邵云飞，2016），其突破了传统经济学对于个体原子化的假设，开拓了经济学、管理学研究新领域（郑方，2011）。网络嵌入有利于企业获取新知识（Powell，Koput and Smith - Doerr，1996）和知识转移已得到认可，因此，建立并维持有效的网络，是21世纪企业创新成功的关键（Rycroft and Kash，1999）。但是，如何嵌入网络，才能保证企业获得充分资源服务于创新，引起了学者们越来越多的关注。

异质性网络可以为企业带来新的资源获取渠道（Wang，Wang and Huang et al.，2012），并已得到广泛认可（Burt，2005；Burt，1992）。个体网络的异质性、网络中的地位以及个体与网络成员的关系，共同决定了企业拥有资源的数量和质量（邵云飞、欧阳青燕、孙雷，2009）。网络异质性来源于产品的多样性、地理的位置多样性、规模的多样性、盈利能力的多样性等（Goerzen and Beamish，2005）。有研究显示，在新兴经济体中，如俄罗斯、印度和中国，构建异质性网络关系已成为企业获取资源的重要渠道（Batjargal，2006；Kumar and Sethi，2005；Peng and Luo，2000）。但鲜有研究关注企业异质性行业连接对企业创新的具体作用机制，以及异质性行业连接对企业依赖环境程度的影响作用。资源依赖理论指出，任何企业都不能自给自足，必须通过外部环境来获取发展所需的资源，对外部环境中的资源控制者进行的互动和谈判，决定了其生存的机会（Davis and Cobb，2010；Hillman，Withers and Collins，2009）。Burt提出，在社会网络中拥有“结构洞”位置的行为者，存在于关系稠密之间而非关系稠密的地带之内，可以直接获得信息获取和控制的优势（Burt，1992）；而异质性行业连接使企业具有了稀松的网络关系，使处于中心地位的行动者拥有高经济地位和报酬（Burt，1997）。处于网络中心地位的核心企业可以获得更多的稀缺资源和信息，从而，获得较高的"控制力"和"影响力"。因此，优势位置的追逐成为企业在网络关系中的必然选择，研究异质性行业连接对企业创新的影响极为关键。

企业所处的外部环境，及其嵌入的网络具有丰富的资源（尉建文、赵延东，2011），但是，要进行外部资源的获取，以及对稀缺资源控制力的提升，提升创新绩效至关重要。因此，本书提出如下问题：在企业创新过程中，企业异质性行业连接如何促进企业外部资源的获取？建立异质性行业连接如何提升企业的网络权力？企业如何利用网络权力将异质性行业连接获取的资源转化为企业创新绩效？以及企业自身吸收能力在资源转化为企业创新绩效过程中如何发挥作用？考虑到网络异质性对企业创新绩效的重要作用（Song，Almeida and Wu，2003；Fang，Francis and Hasan，2012），以及现有研究对异质性行业和企业创新绩效之间关系的认识不足，本章结合资源依赖理论和"结构洞"理论从结构性网络嵌入视角出发，运用中国 A 股上市公司 2008—2014 年连锁董事数据，构建董事会全网络。探讨异质性行业连接、网络权力和创新绩效之间的关系，并运用吸收能力对企业网络权力和创新绩效之间的关系进行了检验。

4.2　文献回顾与研究假设

4.2.1　异质性行业连接与企业创新绩效

企业的知识有两种来源，一种是内部创造，另一种是外部获取；而通过企业的网络关系获取知识，是企业获得知识的主要方式之一（杨隽萍、彭学兵、廖亭亭，2015），因此，企业的网络关系在企业创新的知识获取方面具有重要作用。创新是企业动态能力的体现，来源于内部知识和外部网络信息的互动（杨隽萍、彭学兵、廖亭亭，2015）。所以企业和什么样的企业构建网络关系，直接关系到企业创新知识和资源获得，以及企业创新成果产出，因此，企业的网络关系对创新至关重要。由于我国市场经济起步较晚，虽然企业和相关企业的横向联系，可以用较低成本掌握外部技术动态，但是对新产品产值的作用很小；企业和供应链上各环节之间的纵向联系，对企业创新的促进作用明显，即相对于横向企业连接而言，纵向企业的合作潜力更大（陈劲、李飞宇，2001）。显而易见，纵向的行业连接为企业带来多样化的网络关系，具有更高的异质性。

异质性的网络可以推动企业创新（Song，Almeida and Wu，2003；Fang，Francis and Hasan，2012）；而异质性行业连接（不同行业的连接）的存在是企业网络异质性的重要体现，行业异质性主要从以下几个方面作用于企业创新：首先，异质性行业连接为企业创新带来多样化的资源基础。网络异质性已得到广泛认可（Burt，2005；Burt，1992），网络异质性来源于产品的多样性、地理位置的多样性、规模的多样性、盈利能力的多样性等（Goerzen and Beamish，2005）。异质性网络可以为企业带来新的资源获取渠道（Wang，Wang and Huang et al.，2012）；而不寻常资源也可以从异质性网络中获取（盛意，2010）。异质性行业连接为企业带来了区别于企业自身及本行业的稀缺资源；同时，带来的多样化的网络关系，可以为其提供互补的，或是全方位的网络支持（McEvily and Zaheer，1999）。多样化的网络关系中蕴含大量异质性信息和稀缺资源，可以为企业创新提供多渠道异质性资源，满足创新过程中对于资源差异化的需求，并为企业创新带来资源保障。

其次，异质性行业连接可以提高企业面对复杂创新环境的决策质量。随着科学技术更新换代的速度日益加快，企业创新面对的环境越来越复杂；而当面对复杂决策时，企业可以从外部网络关系获取全面信息，从而帮助企业提高决策的质量。在我国经济转型时期的复杂环境下，对企业创新的决策质量提出了较高要求；而异质性行业连接为企业带来了多样化行业背景，当企业面对创新机遇以及创新风险时，能多方面、全方位地对企业面临的环境进行深入分析和探讨，有利于创新机遇的把握，以及规避由于信息或是资源渠道单一，而导致的企业创新风险；同时，网络成员的不同见解会引导企业进行外部环境机遇、优劣势的深入分析，并能做出高质量决策以提高企业创新绩效（Smith and Tushman，2005）。异质性网络能帮助企业发现利基市场的机遇（Burt，2005），从而为企业挖掘和利用新的商机，以及进行企业创新战略的调整提供参考。所以异质性行业连接在提高企业面对复杂环境的决策质量的同时，为企业环境扫描、把脉创新动向提供信息保障。

再次，异质性行业连接可以促进知识创造。异质性行业连接为企业带来了跨行业的丰富人力资源，而行业异质性也必将导致行业内部人员知识的异质性。不同知识的整合促进多领域、多思想的组合（West，2007），开拓了企业的创新视野，为企业对敏锐的感觉环境中创新机遇和创新机会的识别提供了知识基础；而异质性的知识为企业带来新产品和服务的创意（杨隽萍、彭学兵、廖亭亭，2015）。企业可通过异质性网络获得新应用、新技能、新技术（Burt，2005），是同质性行业连接网络不能带给企业的独特无形资源。知识的异质性可以形成企业创造力，并有助于创新问题的良性解决（Amabile and Conti，1999），从而促进新知识的创造，服务于企业创新。

综上所述，异质性行业连接可以为企业带来多样化的资源基础，提高企业面对复杂创新环境的决策质量，以及促进企业知识创造，从这3个方面推动企业创新绩效的提升，因此，提出如下假设：

假设1：异质性行业连接对企业创新绩效具有正向影响。

4.2.2 异质性行业连接与企业网络权力

社会网络研究中“结构洞”理论，解释了企业网络权力的本质，即“控制力”；而资源依赖理论很好地解释了企业“控制力”的来源，即企业对外部环境尤其是资源的依赖降低时，才能由依赖向控制转变，即“影响力”。首先，异质性行业连接为企业带来网络权力的资源基础。企业跨越多组织的网络跨度，可以促进企业非冗余信息和知识的获取（任胜钢、曾慧、董保宝，2016），为企业带来了多样化的资源。即跨组织联系可以为企业带来区别于自身的异质性资源；而异质性行业连接产生于生产、经营活动相差较大的跨行业企业之间，为企业带来了丰富的且区别于本行业内部的异质性资源。

其次，异质性行业连接为企业网络权力的获取提供能力基础。Burt（1992）指出，最能为企业带来竞争优势的网络位置，存在于关系稠密之间；而非关系稠密的地带之内，即“结构洞”位置。企业间关系稠密的地带多为行业内部关联；而行业间的连接由于成本高且风险大，不仅对企业自身资源提出较高要求，而且要求企业具有较高的“跨界”网络管理的能力，所以关系稠密地带之间的企业数量较少。异质性行业连接衡量了企业“跨界”连接的数量，是对于企业网络能力的一种定量衡量，具有异质性行业连接的企业具备了较强的网络管理能力，具有获得网络权力的能力积淀。

最后，异质性行业连接提供的资源和能力带来网络关系的"控制力"和"影响力"。异质性行业连接使企业具有"控制力"和"影响力"，主要体现在资源的"占有"和"流向"上，基于资源依赖理论，企业权力来源的最初基础是拥有稀缺和重要资源，即资源的"占有"。占有稀缺资源的企业有能力进行产业链上的布局，进行跨行业连接，拥有了异质性的行业连接关系；而这种关系使得企业相比资源匮乏的企业获得更多的异质性资源，增加了企业"占有"资源的重要性以及稀缺程度。凭借更多稀缺资源的占有，企业可以对其他企业实施影响（Ireland and Webb，2007），其影响力则主要表现在对自身"占有"资源的分配，即资源的"流向"。此外，异质性行业连接为企业"占有"稀缺资源提供了更多的"来源"。因此，具有异质性行业连接的企业，既"占有"稀缺资源，又可以通过资源的"流向"对资源进行分配；同时，还有更多的稀缺资源的"来源"，即核心企业能通过配置，以及共享关键的稀缺资源，影响和控制周围企业，产生网络权力（孙永磊、党兴华，2013；李玲、党兴华，2009）。

综上所述，异质性行业连接是企业资源和能力的基础，从而产生"控制力"和"影响力"，即网络权力，因此，提出如下假设：

假设2：异质性行业连接对网络权力具有正向影响。

4.2.3　企业网络权力的中介作用

异质性行业连接是企业资源和能力的基础，产生了具有"控制力"和"影响力"的网络权力。而仅"占有"异质性行业带来的稀缺资源，并不能保障企业具有较强的创新绩效，凭借网络权力而获得稀缺资源后的“关系”能力和“整合”能力，对企业创新至关重要。网络中的企业相互依赖、相互竞争，只有拥有较好“关系”能力的企业才能获得较好的网络位置；同时，获得位置赋予企业网络权力。而与此同时，企业获得好的网络位置后，需要拥有较强的“整合”能力发展自身，才能保证现有较好网络位置不会被其他企业所替代。因此，从某种意义上讲，处于网络中较好位置（拥有较强网络权力）的企业，已经具备了较强的“关系”能力和“整合”能力，而处于较好网络位置只是两种能力的外在表现。企业网络权力在异质性行业连接带来的资源向企业创新绩效转化过程中的作用，主要体现在以下几个方面。

首先，网络权力通过较好的“关系”能力，实现异质性行业连接带来的资源向企业创新绩效的转化。企业配置和共享稀缺资源，影响和控制周围企业的行动，资源依赖理论解释为“影响力”，“结构洞”理论解释为“控制力”。拥有网络权力的企业由于具备了影响力和控制力，可以控制资源的“来源”和“流向”来调整自身“占有”的资源。然而，仅仅控制“来源”和“流向”，并不能直接带来企业创新绩效的提升。较好的网络权力的企业需要拥有较强的“关系”能力，才能保证其在网络中的地位。Yang 和 Campus（2011）的研究对此进行了验证，即网络中的企业存在明显的竞争关系，企业之间会因为利益而产生竞争行为，目的是保证自身在网络中的位置。可见能处于网络权力地位的企业必然拥有较好的关系能力，而较好的关系能力才能保证企业间合作关系的稳固，进而为企业合作创新提供较好的关系基础。绝大多数技术知识是企业“特有”且“隐含”的，很难有效传递，只有紧密结合才能促进技术的有效转移（Pavitt，

1985）。“信任”是合作创新的重要基础，拥有较强关系能力的企业能较好地处理企业间的竞争和合作关系，促进合作关系企业的信任，从而保证知识的共享和流转，促进创新的产出。

其次，网络权力通过较好的“整合”能力，实现异质性行业连接带来的资源向企业创新绩效的转化。由于网络关系是处于不断变化之中的，拥有较强网络权力的企业是在较长的动态关系调整后处于网络核心位置，即本身就具有较强的“整合”能力，才能获取和保持其网络中心的权力地位，因此，处于较好位置的企业拥有较强的关系能力。Capaldo（2007）研究企业网络关系时表示，处于网络核心的企业具有有效处理周围各种强弱关系的能力，这种“整合”能力对提高核心企业的创新及竞争能力至关重要。关系能力是指企业间的资源整合和知识共享，以及相互协调的能力（Golicis and Mentzer，2005）。Dodgson（2014）指出，企业间合作虽形式各异，动机也有所不同，但是都是基于一定的基础之上，即利益。因此，企业网络权力还要整合不同合作者之间的利益关系，才能保证创新的有效产出，具体表现为整合企业所跨越不同行业企业间的利益链条，如产业链布局。只有具有较强的整合能力，且保证合作的其他企业的利益，才能保证企业调动一切可以调动的资源，进行科技创新和技术的更迭。

因此，处于网络核心位置、拥有网络权力的企业都经历了“大浪淘沙”的过程，都具有较好的“整合”资源的能力，因此，网络权力在异质性行业所带来的异质性，以及稀缺资源的基础上，较好地进行“整合”，促进企业创新绩效的提升。

综上所述，拥有网络权力的企业通过其较强的“关系”和“整合”能力，保障了异质性行业连接带给自身资源向创新的有效转化，因此，提出如下假设：

假设3：网络权力在异质性行业连接和创新绩效之间具有中介作用。

4.2.4 吸收能力的调节作用

Cohen 和 Levintha（1990）首先提出，“吸收能力”的概念，包含识别（Recognize）、消化（Assimilate）外部新知识，并最终应用（Apply）三个维度的能力，并指出其具有一定的累积性和路径依赖的特性（Cohen and Levinthal，1990）。随后，Dyer 和 Singh（1998）将吸收能力从企业个体层面拓展到网络关系，提出吸收能力是企业利用外部知识带给企业竞争优势，是企业识别、消化的能力（Dyer and Singh，1998）。吸收能力是对企业利用合作伙伴知识能力的衡量，而通过网络权力能带来企业创新的有效产出。本书采用企业间关系层面的吸收能力概念并指出，企业网络权力通过“控制力”和“影响力”促进企业创新资源的获取，而这种作用的强弱取决于企业对网络权力的运用，所能带来资源的“价值”识别、“充分”消化，以及“有效”利用。首先，是对资源的“价值”识别，具有网络权力的企业可以控制资源的“来源”以及“流向”，对资源的“价值”识别则决定企业是否能有效利用自身的网络权力，服务于创新活动。即企业首要识别出对创新活动有价值的资源，并通过权力去获取。其次，判断资源的价值并获取后，企业需要运用获取的外部资源和企业自身资源相结合，即消化过程，而是否可以实现内外资源的有效融合体现企业对外部资源消化的过程是否“充分”。最后，企业通过识别外部资源的“价值”，并通过权力获取有价值的资源进行内外资源的“充分”消化，才能带来企业的“有效”利用，作用于企业的创新活动实践。

综上所述，吸收能力通过调整企业网络权力在获取创新资源的识别、消化、利用 3 个环节，有效促进企业网络权力对创新绩效提升的作用，因此，提出如下假设：

假设 4：吸收能力在网络权力和创新绩效之间起调节作用，即吸收能力越强，网络权力对企业创新绩效的正向关系越强；反之越弱。

具有网络权力的企业通过较强“关系”和“整合”能力，将企业异质性行业连接带给企业的稀缺资源，作用于企业创新活动；而这种作用的强弱取决于企业对异质性行业企业所能提供资源的“价值”识别、“充分”消化，以及“有效”利用。拥有网络权力的企业具有网络资源“来源”的控制力；而如何有效利用网络权力，从资源丰富的网络关系中获取资源，对企业的创新活动至关重要。受限于资源和企业自身能力，企业不可能实现整个产业链的布局，因此，和产业链内的其他行业企业进行关联，已成为企业降低对环境依赖的必然选择。Hippel（2001）认为，用户在创新过程中具有重要作用，并指出，企业并不能准确了解用户需求，但是企业可以根据用户提出的大致要求提供产品原型，两者的有效结合促进了创新。行业异质性连接为企业控制产业链布局提供了可能，如纵向产业连接。当企业吸收能力越强，企业越能充分利用和吸取异质性行业中所蕴含的丰富资源，保障企业网络创新所需资源的高质量获取，进而促进企业创新绩效的提升。此外，是对异质性行业所提供的资源“充分”消化，以及“有效”利用同样重要，充分消化和利用企业异质性资源，可以促进企业对核心资源的利用效率，巩固企业的网络地位，进而为企业创新提供有效资源，以及可持续的资源获取能力。因此，企业的吸收能力促进异质性行业连接通过网络权力影响企业创新的能力。

综上所述，吸收能力可以通过资源的“价值”识别、“充分”消化，以及“有效”利用来充分利用权力赋予的控制力，使企业有选择地进行网络关系的构建，加强网络权力的路径依赖。因此，提出如下假设：

假设 5：吸收能力调节网络权力对异质性行业连接—创新绩效关系的中介作用，即当吸收能力高时，网络权力对异质性行业连接—创新绩效之间的中介作用增强。

综上所述，提出以上假设并构建本章概念模型，见图 4 – 1。

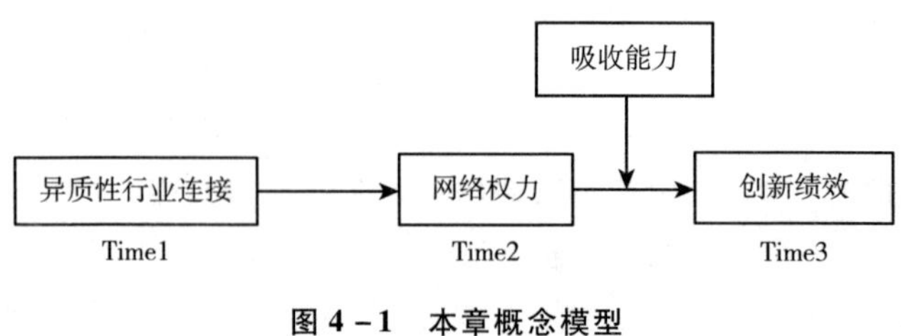

图 4 – 1　本章概念模型

4.3　研究设计与样本选择

本章采用马连福、张琦、王丽丽（2016）创建董事会网络的方式，运用 2008—2012 年中国 A 股上市公司董事任职信息，以在不同公司同时任职的董事个人，作为连接董事会之间的纽带，分年度创建“董事会—董事会”矩阵关系。如果董事个人 O 既在公司 A 任职，又在公司 B 任职（O 为连锁董事），由于董事 O 的存在将企业 A 和企业 B 进行连接，则“董事会—董事会”二维矩阵中赋值为 1，若没有连接两家企业的董事存在，则赋值为 0。本章采用社会网络分析软件对“董事会—董事会”矩阵关系数据进行分析，并获得每个董事会的网络指标。董事会网络指标是企业的网络指标。连锁董事作为构建企业层面网络关系的“桥梁”（任兵、区玉辉，2001；Mizruchi，1996；彭正银、廖天野，2008），已经得到主流期刊的广泛认可。

4.3.1　自变量

异质性行业连接。根据 2001 年发布的《上市公司行业分类指引》，制造业采用二级代码，其他行业采用一级代码，将我国上市公司行业进行划分（共计 22 个行业），在通过董事的交叉任职构建起来的董事会网络关系中，企业具有的不同行业企业的连接数量，代表企业进行行业连接时的差异程度，即跨行业连接数量，为本章异质性行业连接的具体衡量指标。

4.3.2　因变量

创新绩效。企业创新绩效采用专利数据来衡量，专利数据来源于 WIND 数据库中发明专利、实用新型专利和外观设计专利，将三者进行加总，即为企业创新绩效的衡量指标。

4.3.3　中介变量

网络权力。企业网络权力采用“结构洞”的衡量指标中的有效规模指标（Effect Size）来衡量，有效规模指标使用该行动者的个体网络规模减去网络冗余度，体现该行动者对其他行动者的影响规模，和本章的网络权力的定义较为契合。

$$PWR = \sum_j (1 - \sum_q p_{iq} m_{jq}) \tag{1}$$

在企业 i 的网络权力公式中，q，i≠j。其中，j 为 i 直接有关联的企业，而 q 为 i 或 j 以外的第三者。

4.3.4 调节变量

吸收能力。吸收能力采用研发投入和销售收入的比例进行衡量（Stock, Greis and Fischer, 2001），研发投入和销售收入数据分别来自WIND数据库和国泰安数据库。吸收能力是企业获取、消化、利用的能力，可以转化为企业的持续竞争优势（Zahra and George, 2002）。因此，该指标越高，表明企业对资源的获取、消化、利用的能力越强。

4.3.5 控制变量

本章将企业性质、企业规模、企业年龄、两职兼任、董事会规模、独立董事人数，6个变量作为控制变量，因为前3个变量体现企业的基本属性，而两职兼任、董事会规模、独立董事人数3个变量在董事交叉任职构建网络过程中经常作为控制变量，会对本章构建的网络产生影响。

4.4 回归分析与假设检验

4.4.1 统计描述

从表4-1中可以得出，异质性行业连接和创新绩效之间存在显著的正相关（$r = 0.092$, $p < 0.001$），异质性行业连接和网络权力之间存在显著的正相关（$r = 0.570$, $p < 0.001$），网络权力与创新绩效之间存在显著的正相关（$r = 0.132$, $p < 0.001$），吸收能力和创新绩效之间存在显著的正相关（$r = 0.026$, $p < 0.1$），这为本章的开展奠定了基础。

表4－1　描述性统计与变量相关性分析（N＝5719）

变量	均值	标准差	1	2	3	4	5	6	7	8	9	10
1. 创新绩效	107.641	251.612	1									
2. 异质性行业连接	4.098	2.828	0.092***	1								
3. 网络权力	3.951	2.635	0.132***	0.570***	1							
4. 吸收能力	0.039	0.038	0.026*	0.005	-0.020	1						
5. 企业性质	0.069	0.159	0.010	-0.009	0.0450***	-0.102***	1					
6. 企业规模	7.695	1.184	0.397***	0.126***	0.176***	-0.266***	0.190***	1				
7. 企业年龄	11.966	4.931	0.046***	0.048***	0.066***	-0.163***	-0.021	0.208***	1			
8. 两职兼任	0.269	0.444	-0.001	-0.045***	-0.063***	0.167***	-0.143***	-0.202***	-0.119***	1		
9. 董事会规模	9.026	1.720	0.120***	0.127***	0.223***	-0.102***	0.184***	0.286***	0.080***	-0.178***	1	
10. 独立董事人数	3.286	0.651	0.1607***	0.148***	0.225***	-0.091***	0.162***	0.311***	0.063***	-0.110***	0.764***	1

注：*p ＜ 0.10，**p＜0.05，***p＜0.01。

4.4.2 假设检验

在进行回归分析以前，本章对变量之间的多重共线性进行检验，结果表明，所有控制变量，以及研究变量的VIF值均在3以下，可见不存在严重的多重共线性。由表4－2中模型5可知，异质性行业连接对企业创新绩效有显著正向影响（$\beta = 4.240$, $p < 0.01$），因此，假设1得到支持；由表4－2中模型2可知，异质性行业连接对企业网络权力有显著正向影响（$\beta = 0.514$, $p < 0.01$），因此，假设2得到支持。

采用温忠麟等（温忠麟、张雷、侯杰泰，2006）提出的有调节的中介效应的检验方法，进行假设3和假设5的检验。有调节的中介效应遵循以下4个步骤：①做因变量（创新绩效）对自变量（异质性行业连接）和调节变量（吸收能力）的回归，自变量的系数显著，由模型6可知（$\beta = 4.060$, $p < 0.01$）；②做中介变量（网络权力）对自变量（异质性行业连接）和调节变量（吸收能力）的回归，自变量系数显著，由模型3可知（$\beta = 0.514$, $p < 0.01$）；③做因变量（创新绩效）对自变量（异质性行业连接）、中介变量（网络权力）和调节变量（吸收能力）的回归，中介变量系数显著，由模型7可知（$\beta = 5.022$, $p < 0.01$），到此为止说明中介效应显著，网络权力在异质性行业连接和企业创新绩效之间存在中介作用，假设3得到支持；④做因变量对自变量、调节变量、中介变量、调节变量和中介变量的乘积的回归，调节变量和中介变量的乘积系数显著，由模型8可知（$\beta = 74.816$, $p < 0.05$），说明网络权力的中介受到吸收能力的正向影响，假设5得到支持，验证了吸收能力对网络权力的中介效应的调节作用。

表 4-2　　中介效应和总调节效应检验

变量名称	网络权力			创新绩效				
	模型 1	模型 2	模型 3	模型 4	模型 5	模型 6	模型 7	模型 8
异质性行业连接		0.514***	0.514***		4.240***	4.060***	1.48	1.47
吸收能力			0.392			429.751***	427.783***	439.892***
网络权力							5.022***	4.829***
吸收能力 × 网络权力								74.816**
企业性质	-0.125	0.289	0.289	-86.413***	-82.998***	-83.466***	-84.916***	-83.982***
企业规模	0.268***	0.162***	0.164***	90.685***	89.810***	92.174***	91.351***	90.889***
企业年龄	0.007	0.007	0.007	-2.107***	-2.107***	-1.664**	-1.701**	-1.638**
两职兼任	-0.051	0.009	0.007	35.450***	35.946***	33.769***	33.734***	33.555***
董事会规模	0.162***	0.126***	0.126***	-2.38	-2.672	-2.706	-3.339	-3.393
独立董事人数	0.442***	0.249***	0.249***	32.432***	30.837***	30.556***	29.307***	29.774***
CONS	-1.741***	-1.649***	-1.667***	-743.406***	-742.651***	-734.311***	-753.943***	-753.496***
N	5719	5719	5719	5719	5719	5719	5719	5719
R^2	0.083	0.366	0.366	0.218	0.22	0.222	0.225	0.225
F	12.895	68.484	66.402	15.527	15.007	14.606	14.194	13.855

注：* $p<0.10$，** $p<0.05$，*** $p<0.01$（双侧检验）。

吸收能力对网络权力和创新绩效之间的调节作用见表 4-3，模型 11 显示，吸收能力对网络权力和创新绩效之间具有显著的正向调节作用（β=74.23，p<0.05）。在低吸收能力的情况下，随着网络权力的增加，创新绩效有一定程度的提升。在高吸收能力的情况下，网络权力的增加使创新绩效增加的程度更大，具体见图 4-2。

表 4-3　　　　第二阶段调节效应检验

变量名称	创新绩效		
	模型 9	模型 10	模型 11
吸收能力		430.816***	442.920***
网络权力	6.042***	5.909***	5.709***
吸收能力×网络权力			74.923**
企业性质	-85.659***	-85.999***	-85.056***
企业规模	89.068***	91.435***	90.972***
企业年龄	-2.148***	-1.704***	-1.641**
两职兼任	35.760***	33.591***	33.413***
董事会规模	-3.356	-3.381	-3.434
独立董事人数	29.759***	29.469***	29.935***
CONS	-732.890***	-752.801***	-752.361***
N	5719	5719	5719
R^2	0.222	0.224	0.225
F	15.031	14.625	14.265

注：* p<0.10，** p<0.05，*** p<0.01（双侧检验）。

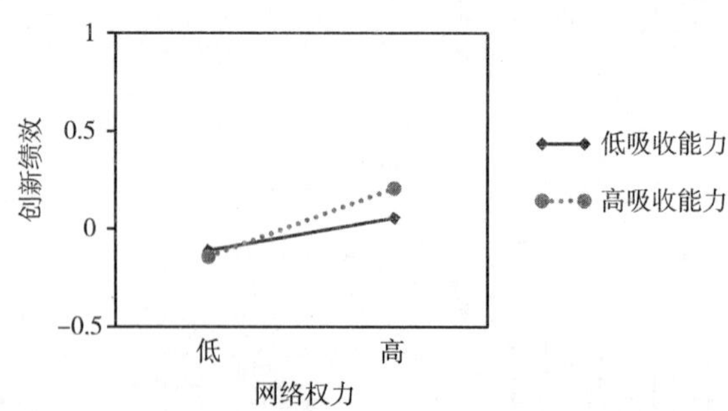

图 4-2　吸收能力对企业网络权力和创新绩效关系的调节

4.4.3　稳健性检验

4.4.3.1　变换企业创新绩效指标

在进行对企业创新绩效衡量时，本章采用 WIND 数据库中专利数量的发明专利，实用新型专利和外观设计专利简单加总，将 3 类专利分别赋予 0.5、0.3 和 0.2 权重进行加权平均（余泳泽、刘大勇，2013；白俊红，2011），作为本章中创新绩效的代理变量。

4.4.3.2　变换企业网络权力指标

在对企业网络权力衡量时采用“结构洞”指标，稳健型中考虑有的学者运用居间中心度（Between Centrality）指标衡量对资源的控制力（吕一博、程露、苏敬勤，2013），居间中心度是用经过某个行动者的最短路径数目，来刻画行动者重要性的指标，和本书对网络权力的界定也较为贴合，因此，选择其作为企业网络权力的代理变量。具体计算公式如下：

$$PWR = \sum_{j,k \in N} \frac{g_{jk}(i)}{g_{ik}} \tag{2}$$

其中 g_{jk} 表示企业 j 和企业 k 之间捷径的数量，g_{jk} 表示企业 j 和企业 k 捷径经过企业 i 的数量，PWR 体现了企业 i 的控制力。

4.4.3.3　变换企业年龄指标

本章采用从成立到第 t 年的时间作为企业年龄，在稳健性检验中采用企业上市时间到第 t 年的时间作为企业年龄的代理变量。

经过以上 3 个代理变量分别对企业创新绩效、企业网络权力、企业年龄进行替代后，对本章提出假设进行稳健性检验（见表 4－4 和表 4－5），所有假设均得到支持，本章结论具有较好的稳健性。

表 4-4　中介效应和总调节效应稳健性检验

变量名称	网络权力			创新绩效				
	模型 1	模型 2	模型 3	模型 4	模型 5	模型 6	模型 7	模型 8
异质性行业连接		6.156***	6.154***		1.399***	1.317***	0.568	0.564
吸收能力			3.108			158.710***	158.332***	161.060***
网络权力							0.122***	0.120**
吸收能力×网络权力								1.763*
企业性质	-2.979	1.899	1.894	-24.643***	-23.534***	-23.754***	-23.984***	-23.741***
企业规模	2.734***	1.786***	1.799***	29.246***	29.030***	29.694***	29.476***	29.371***
企业年龄	0.161*	-0.008	-0.004	-0.633***	-0.671***	-0.489***	-0.488**	-0.489**
两职兼任	-0.203	0.108	0.098	9.253***	9.324***	8.811***	8.799***	8.757***
董事会规模	1.613***	1.211***	1.211***	-1.058	-1.15	-1.152	-1.299	-1.321
独立董事人数	5.791***	3.418***	3.416***	11.200***	10.660***	10.559***	10.143***	10.300***
CONS	-39.175***	-39.400***	-39.501***	-243.867***	-243.918***	-239.101***	-244.264***	-244.192***
N	5719	5719	5719	5719	5719	5719	5719	5719
R^2	0.068	0.313	0.313	0.223	0.226	0.229	0.231	0.232
F	9.07	33.709	32.702	15.565	15.05	14.697	14.27	13.915

注：* $p<0.10$，** $p<0.05$，*** $p<0.01$（双侧检验）。

表 4-5　　第二阶段调节效应稳健性检验

变量名称	创新绩效		
	模型 9	模型 10	模型 11
吸收能力		159.985***	162.707***
网络权力	0.150***	0.146***	0.144***
异质性行业连接 × 网络权力			1.767*
企业性质	-24.196***	-24.364***	-24.117***
企业规模	28.836***	29.504***	29.399***
企业年龄	-0.657***	-0.475**	-0.476**
两职兼任	9.284***	8.770***	8.728***
董事会规模	-1.3	-1.301	-1.323
独立董事人数	10.332***	10.221***	10.377***
CONS	-237.997***	-243.349***	-243.284***
N	5719	5719	5719
R^2	0.227	0.231	0.232
F	15.069	14.703	14.324

注：* p<0.10，** p<0.05，*** p<0.01（双侧检验）。

4.5　本章小结

本章从“嵌入性”视角，以资源依赖理论和“结构洞”理论为基础，深入探讨了异质性行业连接、网络权力和企业创新绩效间的关系。研究表明：①异质性行业连接是创新绩效提升的关键。该结论说明，在我国转型经济的大背景下，制度环境带来的资源配置不均衡，为企业从网络关系中获取创新资源提供了非制度支持，是对我国市场资源配置的有效补充。验证了“建立并维持有效的网络是 21 世纪企业创新成功的关键”（Rycroft and Kash，1999），同时进一步指出，异质性行业连接为企业带来多样化的资源，提高了企业面对复杂创新环境的决策质量，并促进知识创造 3 个方面推动企业创新绩效的提升。②异质性行业连接促进企业网络权力的获取。异质性行业连接是企业获取网络权力的重要途径，因为异质性行业连接为其提供了多样化资源和能力基础，从而使企业在企业间的网络关系中，产生对周围企业的“控制力”和“影响力”，获得网络权力。③网络权力促进了企业异质性行业连接所获取的资源向创新绩效转化。拥有网络权力的企业，拥有较强的“关系”和“整合”能力，通过两种能力的结合，保障了异质性行业连接带来的资源向企业创新绩效的有效转化。④吸收能力通过调整对网络资源的识别、消化、利用 3 个环节，促进企业“异质性行业连接—网络权力—创新绩效”关系，以及“网络权力—创新绩效”的有效转化。

本章的理论贡献在于：①对“结构洞”理论中关于“权力”的获取途径进行了拓展。“结构洞”理论指出，拥有“结构洞”位置的行动者，处于关系稠密之间而非关系稠密的地带，可直接获得信息获取和控制的优势（Burt，1992）。本章从社会网络中行动者的异质性，以及资源依赖理论解释了“结构洞”的“权力”来源。异质性的连接处于“关系稠密之间”，拓展了“结构洞”理论在网络异质性研究中的应用。资源依赖理论从企业对外部网络资源“依赖”的角度，探讨企业间的“依赖”导致的相互关系不对等，即对稀缺资源的依赖促使“被依赖者”产生权力。②拓展了资源依赖理论对企业间“依赖”的“网络结构”的解释。资源依赖理论指出，当企业拥有稀缺和重要资源时，企业间的依赖关系转变为非对等模式（Pfeffer，Salancik，1979），但资源依赖理论并不能提供对于依赖关系的定量衡量。社会网络研究中的“结构洞”理论对资源依赖理论中的“被依赖”企业，提供了“网络结构”的解释。③从“资源”和“权力”两个方面丰富了“结构性”嵌入视角。“结构洞”理论和资源依赖理论的结合，为企业嵌入网络关系的“结构性”视角提供了资源依赖，以及“控制力”和“影响力”的网络权力的解释，拓展了现有“结构性”嵌入的研究。

本章的实践意义在于：①为企业获得创新所需异质性资源提供渠道参考。创建跨行业连接可以为企业带来多样化资源，异质性网络可以推动创新，而通过聘任跨行业的人员进入企业董事会，是企业获得异质性行业资源以服务于创新的便捷途径。②为企业提高企业间网络权力进行指引。网络权力体现了企业在网络中的重要性，是衡量企业在网络中的“控制力”和“影响力”的指标；而网络权力的获取通过企业进行异质性连接即可实现，即“跨界”。③为企业有效行使网络权力提供借鉴。企业在网络中的“关系”和“整合”能力，是企业的网络权力有效行使和稳固的重要因素，因此，企业应该通过网络权力“影响力”和“控制力”，来把握资源的“来源”，统筹分配资源的“流向”，确保自身资源“占有”的良性循环。④为企业提高创新“转化”能力提供指导。网络中蕴涵丰富的资源，提出企业在网络关系中获取资源时，对资源的“价值”识别、“充分”消化，以及“有效”利用，在企业创新绩效提升过程中，资源是否有效“转化”为创新绩效至关重要。因此，企业在跨行业进行董事会成员选聘时，要重视董事会成员对本行业和其他行业创新前沿的把控，以及能为企业带来的多样化资源，从而，为企业提高异质性资源和网络权力向创新绩效转化，提供智力支持。

第5章 高管学术资本、高管连锁任职与企业创新

5.1 相关研究概述

本章基于社会资本理论和资源依赖理论，对连锁董事网络关系相关研究做出了“内粘式”内部社会资本，以及“桥梁式”外部社会资本的界定和拓展。从学术资本主义可知，知识是可以被购买的，学者是知识交换的输出者，但是现有研究对于知识如何变现、高管学术资本如何作用于企业创新研究尚待深入。已有研究对于连锁董事现象的研究虽然成果很多（Podolny，2001，Filatotchev and Bishop，2002），但高管学术资本如何“内粘式”提升企业内部社会资本，而作用于创新绩效的作用机制，连锁董事外部任职的“桥梁式”如何获取外

部社会资源助力创新，以及两者如何协同作用于企业创新仍未厘清。

在万众创新的时代背景下，我国不断深化创新驱动发展战略，创新成为保持国家经济增长的重要引擎（Chen，Tang and Jin et al.，2014；Lee，Özsomer and Zhou，2015）。21 世纪企业创新成功的关键是，是否建立和维系了有效的网络关系（Rycroft and Kash，2000）。社会网络中的社会资本概念不仅依赖于正式制度，还依赖于非正式制度中的社会资本（赵延东，2003）。创新活动需要大量的资源输入，并具有高复杂性和不确定性的特点，企业受限于内部资源难以独立应对。在我国处于转型经济时期的特殊背景下，内外资本的协同作用日益凸显。如何运用内外社会资本共同作用于企业创新，是应对巨变环境下企业持续发展所需要解决的重要问题。网络中蕴含的丰富社会资本是企业获取资源的关键，自 20 世纪 90 年代以来，"社会资本"概念在管理学领域开始受到关注，并逐渐演化为研究热点（李玉连，2006），"社会资本"在技术创新领域的应用，已成为较新的研究课题（赵延东，2003）。

"社会资本"的概念自从被引入学术领域后，表现出强大的解释能力，因此，受到越来越多学者的关注和青睐。但是，其测量和界定呈现出多层次和多样化的特征，而基于企业边界的内外社会资本界定，以及内外资本的协同作用，成为研究者较为关注的对象。Adler 和 Kwon（2002）认为，"内部社会资本"的主要功能是形成行动者的内部关系，从而提升集体行动水平，而"外部社会资本"是行动者和外在社会关系的体现，主要功能是获取外部资源。高管社会资本研究认为，社会资本存在两种形式，具体为"内粘式"和"桥梁式"，前者"内粘式"表现为高管成员之间的内部联系能力，包含成员间联系的频度、效度和信任度，而后者“桥梁式”表现为高管成员，与内部部门以及外部相关组织的关系（陆红英、董彦，2008）。本章将以上两种划分进行结合，认为“内部社会资本”的功能主要是“内粘式”，体现在对内部成员形成共享的价值观，以及较强的内部联系能力，是因内部较好的关联关系而带来企业内部资源总和；而“外部社会资本”是“桥梁式”功能，体现在高管成员和组织外机构或组织关联，带给企业外部社会资源的总和。

网络是创新的必要前提，网络效应有助于提高企业创新绩效（张红娟、谭劲松，2014；Cowan，Jonard and Zimmermann，2007；Powell，1998）。受我国传统文化的特殊影响，以及转型经济时期的特定阶段，“关系”成为正式制度不足的替代因素，一定程度上决定了企业的成功与否。基于社会资本理论，由于董事会为达到优先使用资源、提供异质性信息、拓展信息渠道，以及增加合法性等目的，进行董事会人员的交叉任职形成连锁董事关系，形成以上 4 种企业层面的资源优势。连锁董事利用跨越企业的优势位置，能够对业内整个商业环境状况进行扫描，促进网络中企业之间资源的传递、吸收与合作（Useem，1984），及时获取新知识、创新机会、战略，以及其他企业决策的内在逻辑、过程和结果的信息（Cai and Sevilir，2012）。基于企业网络关系中所蕴含的社会资本在企业创新中的重要作用，如何充分利用连锁董事网络衡量其所带来的内外社会资本，以及其协同机制，对于提升上市企业创新绩效具有重要的理论和实践意义。

现阶段对于个体和企业层面的多层社会资本研究时，人们在“对内社会资本”和“对外社会资本”衡量的过程中存在混淆替代企业社会资本的状态（Shipilov，2006）。本章基于社会资本理论和资源依赖理论，对连锁董事网络关系相关研究做出了“内粘式”内部社会资本，以及“桥梁式”外部社会资本的界定和拓展。从学术资本主义可知，知识是可以被购买的，学者是知识交换的输出者，但是现有研究对于知识如何变现、高管学术资本如何作用于企业创新研究尚待深入。已有研究对于连锁董事现象的研究虽然成果很多（Podolny，2001；Filatotchev and Bishop，2002），但高管学术资本如何“内粘式”提升企业内部社会资本；而作用于创新绩效的作用机制，连锁董事外部任职的“桥梁式”如何获取外部社会资源助力创新，以及两者如何协同作用于企业创新仍未厘清。

本章以连锁董事网络作为“桥梁”，尝试探索创新过程中高管学术资本的激活机制，因此，本章从“内粘式”内部高管学术资本，以及高管连锁任职外部企业的“桥梁式”外部资源获取视角解读，对高管学术资本以及高管内外社会资本对创新绩效的影响机制、如何促进创新绩效的呈现进行深入探索，以期为企业充分挖掘学者潜能，有效协同内外社会资本，促进两者向创新成果有效转换，提供一种可能的解决途径。

5.2 文献回顾与研究假设

5.2.1 高管学术资本与创新投入

创新往往被认为是高风险的活动，充满了不确定性（曾萍、邓腾智、宋铁波，2013），通常需要企业进行大量的资源投入，董事会作为企业的最高决策群体，对企业进行研发投入起着决定性作用（范建红、陈怀超，2015），而周建、金媛媛、刘小元（2013）发现，董事会知识深度在一定程度上可以促进企业投入研发。首先，高管具有的知识深度有利于创新投入的增加。具有学术背景的高管往往在董事会中拥有专家性权力，与其他董事之间进行知识或思想交流时，更能增强对企业研发投入长远利益的积极认识（唐清泉，2002），进而对企业创新的投入方向和投资力度产生引导。其次，高管学术资本具有内外声望传递的作用，即学术权威担任高管的企业，使企业对创新的投入和前景更加确信，从而相关创新投入会有所提升。最后，Burt（1992）认为，社会资本所带来的优势本质是“资源”优势。在高校或研究院所认知且拥有学术资本的高管，拥有的学术资本保障了企业创新所需的持续的、专业的资源需要，能够为创新提供后续的资源渠道和保障。此外，科学家之间可以形成“无形学院”，并通过“无形学院”的便捷通道，为企业经营活动提供强大的知识储备（朱丽、柳卸林、刘超，等，2017），进而支撑和引领企业未来发展前沿领域的创新投入。所以，高管学术资本通过“知识深度认知”“对内声望传递”，以及“无形学院”3个方面的优势促进企业的创新投入。因此，本章提出如下假设：

假设 H_1：高管学术资本对企业创新投入有显著的正向影响。

5.2.2 创新投入在高管学术资本和创新绩效之间的中介关系

创新需要大量的资源投入，具有学术背景高管的创新投入方向和未来的引导，对于企业创新绩效而言至关重要。首先，创新高度依赖管理人员的专业知识和学术水平（Savory，2009），具有较高学术水平的高管候选人在职场中成为各大企业竞相追逐的对象，大学教师出任企业高管或董事的情况也屡见不鲜。高管学术资本不仅为企业内部带来知识深度的指引，而且其专家权力和视野，可以对创新投资未来做好前景预期。

其次，具有学术背景的高管，能够在企业技术研发和创新过程中提供技术指导和管理支持，并将其学术资本内化为企业社会资本的方式，有效整合内部资源促进创新投入，提高企业创新绩效。Savory（2009）研究发现，高管团队中独立董事的学术背景，对企业创新投入具有正向影响。具有学术背景的高管拥有的丰富专业知识，使其能够在外部网络中搜寻多样的知识和信息，避免企业形成认知锁定（Oh，Labianca and Chung，2004），对企业创新具有凝聚内部力量的"内粘作用"，并形成方向性指引，可以使企业在市场竞争中做出更准确的判断，识别潜在机会。

再次，学术资本发挥了"递延作用"（朱丽、柳卸林、刘超，等，2017）。企业内部的创新资源投入水平是促进创新成功的重要决定因素（Griliches，1979；Scherer，1982）。Huang、Lin和Wu（2015）认为，研发投入可以促进新企业技术研发和创新绩效的提升，从而产生更高的创新产出。很多情况下创新的投入是较大的；而企业并未对未来方向具有足够的信息而选择不投入。但具有学术背景的高管，可以依靠其内外声望传递的作用，在未来预期可以获得较好创新回报的方向上，通过努力突破行业现有瓶颈，"内粘式"企业内部资源，促进创新投入并进行未来绩效呈现。

最后，信任是企业层面最为常见的社会资本关系维度，是创新投入的基石。企业创新具有复杂性，并需要大量的资源投入，拥有学术资本的高管，凭借其行业声望可以高效整合资源服务与企业的创新过程，而企业也对此相对确信并进行资源投入。因此，企业愿意在具有学术背景的高管指引下，进行创新的长远布局，从而，在信任的基础上，实现在新兴业务或创新业务上领先其他企业，获得较好的创新绩效。所以，高管学术资本通过"知识依赖""认知突破""递延作用"以及"信任优势"4个方面，将高管学术资本"内粘"为创新投入，并转化成创新绩效。

因此，本章提出如下假设：

假设 H_2：企业创新投入在高管学术资本和企业创新绩效之间起着中介作用。

5.2.3 高管连锁任职的企业数量的调节作用

已有研究证明高管学术资本可以直接作用于创新绩效，通过学术资本的“递延式”传递，借助企业高管的学术背景所赋予的较高的职业声望，高管将其个人的学术资本传递并内化为企业的社会资本，为企业创新活动注入持续、专业的资源投入，有助于提高企业创新绩效（边燕杰、李煜，2001；朱丽、柳卸林、刘超，等，2017）。高管连锁任职的企业数量在高管学术资本向企业创新绩效转化的过程中，作用主要体现在以下几个方面：

首先，信息优势。对于企业而言，创新往往需要进行大量的资源投入，但因为创新投入的高风险，创新投入与产出并不总是匹配关系。作为一种重要的外部社会资本形式，连锁董事网络使处于该网络内的企业可以通过连锁董事构建的企业间关联获得信息资源，有利于降低企业在创新过程中面临的信息不对称风险（严若森、华小丽，2017），进而可以保障高管学术资本，在助力企业创新绩效的过程中，多方位获取信息，进而提高创新转换率和创新绩效。

其次，异质性优势。社会资本可以通过“桥梁”作用、方向指引和信号传递 3 种范式引导企业内部资源作用于企业创新，为企业创新带来更多的资源投入（朱丽、刘军、刘超，等，2017）。高管连锁任职的企业数量越多，企业越有可能建立多样化的资源渠道，用以解决资金问题、渠道问题、技术问题等，多方位推动企业高管学术资本向创新绩效转变。

再次，企业在借助连锁董事网络作用的同时，高管学术资本的资源异质性，使企业在社会关系网络中获取较优位置和更强的网络权力，能够获得更多的创新信息及相关资源，促进自身行业地位的提升。在连锁董事网络的作用下，企业高管连锁任职的企业数量越多，就能够拥有更多的连接关系，并获得更强大的动态的资源获取能力。高管连锁任职企业数量的增加，对企业创新绩效的提高具有促进作用，且高管连锁董事对创新投入的优化作用能够更好地支撑创新投入企业创新绩效的转化。

最后，协同优势。高管个人的学术资本，已经具有较好的知识深度认知，对内发挥声望传递和整合能力等“内粘作用”，以及进行“无形学院”的资源输送。与此同时，通过高管连锁董事，高管兼任的企业数量越多，企业触及行业内外的其他资源越多，越能帮助企业调整和完善企业创新方向，并助力资源获取和保障创新实践的实施。所以，高管兼任企业数量通过“异质性优势”“信息优势”“位置优势”和“协同优势”4个方面，促进高管学术资本向企业创新绩效转变。因此，本章提出如下假设：

假设H_3：高管连锁任职企业数量在高管学术资本和企业创新绩效之间起着调节作用，即高管连锁任职企业的数量越多，高管学术资本对企业创新绩效的影响将变大或增强；高管连锁任职企业的数量越少，高管学术资本对企业创新绩效的影响将变小或减弱。

高管连锁任职企业数量在创新投入和企业创新绩效之间的调节作用，主要体现在以下几个方面：首先，是不确定性应对优势。通过连锁董事构建的企业外部搜索的宽度和深度，对企业的创新活动十分重要，外部搜索的宽度和深度，有助于增加在创新活动中既定的风险和不确定性应对成功的可能性，具有更大外部搜索宽度的个人或组织，比在一个在狭窄范围合作的人或组织创新活动更多（Dahlander，O'Mahony and Gann，2016），因而，更有利于创新绩效的产生。

其次，是信号机制。连锁董事可以通过信号机制帮助企业获得外界的认可和支持，把丰富的人力和社会资本转化为企业的优势与绩效（王理想、姚小涛、吴瀚，2016），知名人士担任董事本身就是对企业发展良好的信号传递，与之相关的获得投资数量、企业受关注程度、企业股票价格等都会受到一定程度的促进作用。

再次，信任优势。连锁董事可以促进企业之间的交互行为作用，形成一种卓越的战略网络（Useem，1984），基于信任促进企业间彼此了解和信息共享。创新特别是联合创新需要建立在高信任的合作关系之中，董事会人员的交叉任职能够通过信息共享增强彼此的了解，并促进彼此往来，这就为企业间的信任奠定了较好的基础，促进企业间相互支持，保障创新投入向创新绩效的转变。

最后，是位置优势。连锁董事任职的企业数量越多，越有助于扩大信息源，不同的信息资源为创新所需的知识和想法提供"必要的变异"。在连锁董事网络中，担任连锁董事的高管能够更有效地跨越原有组织边界进行创新探索，这种个人或组织利用"位置优势"进行的跨越学术或行业的创新探索，会对连锁网络中的个人和企业行为产生重要影响。所以，高管连锁董事数量通过"不确定性应对优势""信号机制""信任优势"和"位置优势"4个方面，促进高管学术资本向企业创新绩效转变。因此，本章提出如下假设：

假设 H_4：高管连锁任职企业数量在创新投入和企业创新绩效之间起着调节作用，即高管连锁任职企业数量越多，创新投入对企业创新绩效的影响将变大或增强；高管连锁任职企业数量越少，创新投入对企业创新绩效的影响将变小或减弱。

高管连锁任职企业数量对创新投入中介作用的调节体现在以下几个方面：首先，创新方向的把握上。Oehmichen、Schrapp 和 Wolff（2017）研究发现，董事会成员的个人专业知识对企业战略的形成能够产生有益的影响，有经验的董事能够更好地监督管理者和向管理者建言。在连锁董事网络中，高管兼任企业从而形成的交叉任职网络关系，使企业所处的特定网络位置能够帮助企业了解网络内其他企业的经营和创新状况，拥有学术资本的高管由于具有更为专业的知识，其连锁任职所带来的特殊网络资本，能够帮助企业更好地认知自身所具有的内外部资源和创新绩效，增强创新投入的有效性，进而提高从高管学术资本到创新绩效之间的关系。

其次，创新投入的深度切入。社会资本理论指出，企业绩效受到正式制度，以及非正式制度中社会资本的双重影响（赵延东，2003）；而以连锁董事网络为代表的企业间网络关系正是一种非正式制度。高管或董事凭借个人学术资本所带来的专业优势，能够实现与其他董事的“协同效应”，并能够使个人或组织享有“专家效应”和“声誉效应”所带来的特殊网络优势（Belloc，2012；张斌、王跃堂，2014；胡元木、纪端，2017）。这就会使企业在某一既定领域内精耕细作，深度进行创新投入，进而保障对学术资本向创新的有效转变。

再次，创新投入的广度提升。网络中蕴含着丰富的资源（尉建文、赵延东，2011），而“资源”也是社会资本理论的核心要素（Lin，2001）。高管兼任多家企业进而构建的企业优势网络位置，是拥有丰富社会资本的体现（Geletkanycz and Boyd，2011），呈现在对嵌入人际关系、企业关系，以及地位和声誉资源的使用和获取（周建、金媛媛、刘小元，2010）。连锁董事网络关系的价值之一，就体现在“连锁董事的社会资本”向企业社会资本的转换中（郑方，2011），通过“桥梁”作用，借助外部社会资本，扩展创新投入的广度，进而拓展投入的多来源渠道，促进内部学术资本向企业创新绩效的转化。

最后，创新投入的协同机制。Cassiman（2006）认为，投入的增加，能够增加企业吸收外部知识的可能性和机会，从而为企业的创新活动创造有利条件。创新投入需要从整体上调动企业内外部社会资源，对外部社会资本而言，Grannovetter（1985）和吴晓波、韦影（2005）指出，通过与企业建立网络关系，进行输送和交换，进而获得更多的资源交换。对内部社会资本而言，企业聘用拥有学术背景的高管，不仅能够获取高管的学术资本，还能够借助高管的学术背景和较高的声望地位，获得外部利益相关者更高的认同和支持，实现更顺畅的资源和信息沟通（Meyer and Scott，1983）。

内外社会资本的协同体现在，将内外创新资源渠道打通，并进行创新资源投入上，为高管个人学术资本向创新绩效转变奠定了协同基础。所以，高管连锁董事数量通过“方向把握”“深度切入”“广度提升”和“协同机制”4个方面，促进高管学术资本向企业创新绩效转变。因此，本章提出如下假设：

假设 H_5：高管连锁任职企业数量调节了创新投入对高管学术资本—创新绩效关系的中介作用，即当高管连锁任职企业数量越高时，创新投入在高管连锁董事数量—创新绩效之间所起的中介作用越强。

根据以上分析和假设提出，构建本章的概念框架，具体如图 5 -1 所示。

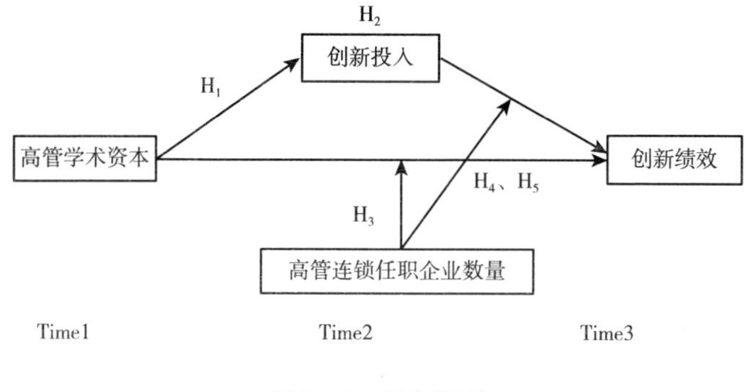

图 5－1　概念模型

5.3　研究设计与样本选择

5.3.1　样本选取和董事会网络构建

本章数据来源于国泰安上市公司数据库，结合上市公司对外披露年报中个人的基本信息，进行人员信息判断，删除同名但非同一人的信息，构建 2008—2013 年上市公司连锁董事数据库。人员信息和企业数据来源于国泰安数据库、上海证券交易所、深圳证券交易所。运用 UCINET6.0 创建以连锁董事个人为纽带的、董事会—董事会之间的矩阵关系。由于需要考察连锁董事数量从高管学术资本到创新绩效转化的协同机制，通过界定 2008—2013 年有一年存在于董事会网络关系的企业，才会认定为本章的对象。剔除创新信息缺失、ST 和 PT，以及金融企业后，最终获得 5131 个有效样本，共计 1476 家上市公司。

5.3.2 变量说明和测量

（1）因变量：创新绩效。按照发明专利0.5，实用新型0.3，外观设计0.2。将企业来源于WIND专利数据进行加总后的自然对数来衡量企业创新绩效（泳泽、刘大勇，2013）。

（2）自变量：高管学术资本。已有研究运用二值法，将有学术背景的独立董事定义为1，没有定义为0（沈艺峰、王夫乐、陈维，2016），仅关注是否存在而忽略了其数量差异。因此，本章沿用国泰安高管人员的背景描述，以高管在高校任职人数作为高管学术资本的衡量指标（朱丽、柳卸林、刘超，等，2017）。

（3）中介变量：研发投入。以国泰安数据中上市公司的资金投入的自然对数作为研发投入的衡量指标。

（4）调节变量：高管连锁任职企业数量。以企业高管团队兼任的上市公司的数量总和，作为企业外部社会资本的衡量指标。

（5）控制变量：企业规模为企业员工人数总和的自然对数、企业年龄为企业成立到现在的年度总和、控制人性质国有企业界定为1（其他为0）、两职兼任为董事长和总经理同一人的界定为1（其他为0）、董事会规模为董事会人数总和，前3个变量反映企业基本属性，后3个会对连锁董事构建产生影响，因此，作为本章的控制变量；同时，对企业所处的行业和年度效应进行控制。

为了避免极端值对数据回归结果的影响，本章对变量进行了1%的Winsorize处理。为探索高管学术资本、研发投入、创新绩效关系的稳健性和因果关系，自变量高管学术资本、调节变量高管连锁任职企业数量和所有控制变量都采取t期数据，中介变量研发投入采用t+1期数据，因变量创新绩效采用t+2期数据。所用到的主要变量指标说明如表5-1所示。

表 5-1　　主要变量指标说明

	变量名称	变量定义
因变量	创新绩效	第 t+2 年末企业专利获得总数比例加总后的自然对数
自变量	高管学术资本	第 t 年末企业高管团队高校任职经历总人数
中介变量	研发投入	第 t+1 年企业研发投入经费的自然对数
调节变量	高管连锁任职企业数量	第 t 年末企业高管团队兼任职务为董事上市公司的数量总和
控制变量	企业规模	第 t 年末企业员工人数的自然对数
	企业年龄	企业成立时间到第 t 年的时期长度
	控制人性质	哑变量，第 t 年末实际控制人为国有企业为 1，否则为 0
	两职兼任	哑变量，第 t 年末董事长和总经理两职为同一人则为 1，否则为 0
	董事会规模	第 t 年末董事会规模
	行业	哑变量，参照 2001 年证监会行业分类设置
	年度	发生年份（第 t 年）

5.4　回归分析与假设检验

5.4.1　变量的统计描述

从表 5-2 可以得出高管学术资本和企业创新绩效存在显著的正相关，高管学术资本和研发投入之间存在显著的正相关，高管连锁董事数量分别和高管学术资本、研发投入存在显著的正向关系，这为本章奠定了良好的数据基础。

表 5-2　　变量描述性统计和相关性分析

变量名称	创新绩效	高管学术资本	研发投入	高管连锁任职企业数量
创新绩效	1			
高管学术资本	0.090***	1		
研发投入	0.444***	0.084***	1	
高管连锁任职企业数量	0.079***	0.140***	0.138***	1
均值	30.669	2.181	17.072	2.410
标准差	57.524	1.527	1.674	2.445

注：* $p<0.10$，** $p<0.05$，*** $p<0.01$（双尾）。

5.4.2　假设检验

通过对本章变量之间进行多重性检验，得出 VIF 值均小于2，说明不存在严重的多重共线性，具有统计学意义的独立性，可以对变量之间进行进一步的回归分析。中介效应和总的调节效应如表 5-3 所示。由表 5-3 可知，高管学术资本对企业创新绩效具有显著正向影响（模型 2，$\beta=0.068$，$p<0.001$），因此，假设 1 得到支持。高管学术资本和高管连锁董事数量对企业创新绩效具有显著正向影响（模型 8，$\beta=0.606$，$p<0.001$），因此，假设 3 得到支持。

根据温忠麟、张雷、侯杰泰（2006）提出的有调节的中介模型检验 4 个步骤，检验假设 2 和假设 4：（1）做创新绩效（因变量）对高管学术资本（自变量）和高管连锁任职企业数量（调节变量）的回归，自变量系数显著（模型 6，$\beta=2.403$，$p<0.001$）。（2）做研发投入（中介变量）对高管学术资本和高管连锁任职企业数量（调节变量）的回归，高管学术资本（自变量）系数显著（模型 3，$\beta=0.062$，$p<0.01$）。（3）做创新

表 5－3　　高管内外社会资本和创新绩效——中介和总调节效应检验

变量名称	研发投入				创新绩效				
	模型 1	模型 2	模型 3	模型 4	模型 5	模型 6	模型 7	模型 8	模型 9
高管学术资本		0.068***	0.062***		2.543***	2.403***	1.777***	2.119***	1.481***
高管连锁任职企业数量			0.036***			0.817**	0.456	0.658**	0.289
研发投入							10.101***		10.119***
高管学术资本×高管连锁任职企业数量								0.606***	0.631***
控制人性质	0.025	0.052	0.047	-14.404***	-13.414**	-13.526**	-14.000***	-13.661***	-14.141***
企业规模	0.704***	0.708***	0.701***	21.981***	22.124***	21.983***	14.897***	21.982***	14.885***
企业年龄	-0.035***	-0.034***	-0.033***	-0.571***	-0.515***	-0.491***	-0.16	-0.490***	-0.159
两职兼任	0.140***	0.135***	0.134***	9.216***	9.055***	9.020***	7.668***	9.128***	7.778***
董事会规模	0.055***	0.043***	0.040***	1.064*	0.621	0.541	0.14	0.499	0.097
常数项	10.125***	10.003***	10.050***	-169.281***	-173.813***	-172.755***	-274.271***	-171.147***	-272.768***
N	5131	5131	5131	5131	5131	5131	5131	5131	5131
R^2	0.391	0.396	0.399	0.224	0.228	0.229	0.273	0.231	0.274
F	97.055	95.573	94.897	20.931	20.261	19.673	20.692	19.117	20.161

注：* $p<0.10$，** $p<0.05$，*** $p<0.01$（双尾）。

绩效（因变量）对高管学术资本（自变量）、研发投入（中介变量）和高管连锁任职企业数量（调节变量）的回归，研发投入（中介变量）系数显著（模型7，$\beta=10.101$，$p<0.001$）。以上3个步骤说明创新投入的中介作用显著，创新投入在高管学术资本和创新绩效之间存在中介作用，假设2得到支持。（4）做创新绩效（因变量）对高管学术资本（自变量）、高管连锁任职企业数量（调节变量）、研发投入（中介变量）、调节变量和中介变量的交互项的回归，交互项系数显著（模型9，$\beta=0.631$，$p<0.001$），说明创新投入的中介受到了高管连锁任职企业数量的正向影响，即高管连锁任职企业数量对创新投入的中介作用的调节作用，假设4得到了验证。

如表5-4所示，高管连锁任职企业数量对研发投入和创新绩效之间具有显著的正向调节作用（模型12，$\beta=0.735$，$p<0.001$），假设3得到支持。在高管连锁任职企业数量较低的情况下，随着创新投入的增加，创新绩效会得到一定程度的提升；而在高管连锁任职企业数量较高的情况下，由创新投入的增加，而导致的创新绩效增加的程度更大。

表5-4　高管内外社会资本和创新绩效第二阶段调节效应检验

变量名称	创新绩效		
	模型10	模型11	模型12
高管连锁任职企业数量		0.572*	0.355
研发投入	10.379***	10.285***	10.269***
高管学术资本×高管连锁任职企业数量			0.735***
控制人性质	-14.666***	-14.704***	-14.732***
企业规模	14.676***	14.650***	14.683***
企业年龄	-0.205	-0.189	-0.182

续表

变量名称	创新绩效		
	模型 10	模型 11	模型 12
两职兼任	7.766***	7.749***	7.861***
董事会规模	0.493	0.425	0.318
常数项	-274.369***	-272.843***	-271.369***
N	5131	5131	5131
R^2	0.27	0.271	0.273
F	21.899	21.234	20.701

注：* $p<0.10$，** $p<0.05$，*** $p<0.01$（双尾）。

5.4.3　稳健性检验

（1）对企业创新绩效进行替换。在衡量创新绩效的稳健性检验过程中，根据WIND数据库专利，发明专利、实用新型专利和外观设计专利3项，进行第t+2年年末企业专利获得总数的自然对数计算，在稳健性检验过程中创新绩效的代理变量。

（2）对高管学术资本进行替换。在衡量高管学术资本的稳健性检验过程中，采用第t年高管团队的研究院所任职经历人数，作为稳健性检验过程中高管学术资本的代理变量。

（3）对高管连锁任职企业数量进行替换。在衡量高管连锁任职企业数量的稳健性检验中，采用第t年高管团队兼任职务为董事的公司数量总和（既包含上市公司，也包含非上市给公司），作为外部社会资本的代理变量。

通过以上3个代理变量，分别对因变量创新绩效、自变量高管学术资本和调节变量高管连锁董事数量进行替换后，对本章提出的所有假设进行了稳健性检验，结果如表5-5和表5-6所示，所有假设均得到支持，本章结论具有良好的稳健性。

表 5－5　高管内外社会资本和创新绩效——中介和总调节效应（稳健性检验）

变量名称	研发投入			创新绩效					
	模型 1	模型 2	模型 3	模型 4	模型 5	模型 6	模型 7	模型 8	模型 9
高管学术资本		0.073 ***	0.070 ***		5.764 ***	5.563 ***	3.496 ***	4.785 ***	2.715 **
高管连锁任职企业数量			0.010 ***			0.618 ***	0.311	0.476 **	0.167
研发投入							29.697 ***		29.704 ***
高管学术资本 × 高管连锁任职企业数量								0.503 ***	0.505 ***
控制人性质	0.025	-0.053	-0.026	-52.423 ***	-58.613 ***	-56.989 ***	-56.221 ***	-54.932 ***	-54.156 ***
企业规模	0.704 ***	0.716 ***	0.693 ***	68.890 ***	69.861 ***	68.477 ***	47.900 ***	68.082 ***	47.497 ***
企业年龄	-0.035 ***	-0.034 ***	-0.030 ***	-1.816 ***	-1.693 ***	-1.500 ***	-0.595	-1.591 ***	-0.686
两职兼任	0.140 ***	0.145 ***	0.139 ***	31.442 ***	31.830 ***	31.479 ***	27.359 ***	30.913 ***	26.789 ***
董事会规模	0.055 ***	0.048 ***	0.040 ***	3.006	2.46	1.983	0.792	1.845	0.653
常数项	10.125 ***	10.008 ***	10.162 ***	-523.611 ***	-532.850 ***	-523.612 ***	-825.404 ***	-515.858 ***	-817.696 ***
N	5131	5131	5131	5131	5131	5131	5131	5131	5131
R^2	0.391	0.398	0.404	0.222	0.224	0.226	0.264	0.228	0.266
F	97.055	97.529	97.891	20.853	20.236	19.847	20.531	19.359	20.098

注：* $p<0.10$，** $p<0.05$，*** $p<0.01$（双尾）。

表5-6 高管内外社会资本和创新绩效第二阶段调节效应（稳健性检验）

变量名称	创新绩效		
	模型10	模型11	模型12
高管连锁任职企业数量		0.328	0.17
研发投入	30.538***	30.186***	30.077***
高管学术资本×高管连锁任职企业数量			0.544***
控制人性质	-53.195***	-52.439***	-51.125***
企业规模	47.397***	46.928***	46.728***
企业年龄	-0.739	-0.647	-0.732
两职兼任	27.175***	27.045***	26.508***
董事会规模	1.326	1.082	0.863
常数项	-832.798***	-824.500***	-816.423***
N	5131	5131	5131
R^2	0.262	0.263	0.265
F	21.627	21.132	20.68

注：* $p<0.10$，** $p<0.05$，*** $p<0.01$（双尾）。

5.4.4 研究讨论

5.4.4.1 高管学术资本：企业创新的内在引擎

高管的学术资本是创新的智力支持和非制度保障（朱丽、柳卸林、刘超，等，2017），企业通过聘用有学术背景的人员担任高管，可以便捷地获取创新信号，并进行创新活动过程中的咨询（斯劳特、莱斯利，2008）。在知识经济时代的创新驱动发展背景下，拥有学术背景的高管越来越受到企业的追捧并竞相聘用。如果具有一定的理论敏感性，并拥有强大的逻辑归纳能力，就会看到事物发展的本质和规律（陈春花，2018），进而对未来创新规律能够精准把握。学术资本主义导致知识是可以商品化的，知识可以购买，能够变现。学者具有自然人和社会人的双重身份，既可以对企业输出自身的专业素养和知识储备帮助企业，又能运用归属的社会属性为企业打通资源渠道。实现个人社会资本向企业社会资本的转换，是企业创新的内在引擎。

5.4.4.2 高管连锁任职：企业创新的外部驱动

高管的连锁任职，可以将企业董事会进行连接，进而有效发挥董事会的建议、渠道、资源优先使用和合法性 4 种优势（朱丽、柳卸林、刘超，等，2017）。建立和维持有效的网络是 21 世纪企业创新的关键（Rycroft，2000），根据社会资本理论，依靠连锁董事网络关系，为企业向外部延伸拓展渠道，可以为企业发展获取更多的资源。因此，高管连锁董事网络是企业外部创新渠道和资源的重要驱动。

5.4.4.3 内外社会资本协同：创新的协同效应

基于社会网络的视角，高管社会本可以为企业带来直接和间接的利益；同时，还可以形成潜在的利益支撑网络（马富萍、李燕萍，2011），进而促进企业内外资源的融合并达到协同配置，促进从高管社会资本向企业社会资本的有效内化，促进创新绩效的产生。外部资源获取能力，直接关系到内部学术创新驱动的成效。研究发现，高管连锁董事数量对高管学术资本在创新绩效上的呈现，具有显著的正向调节作用。图 5－2 的二维关系矩阵显示出，在高管连锁董事数量较低时，企业创新绩效较低，但是随着高管学术资本的不断增加，企业在创新绩效方面由最低转化为中低。在高管连锁董事数量较高的情况下，企业创新绩效较高，随着高管学术资本的不断增加，创新绩效由中高转为最高，这说明内外部资本的协同至关重要，学者对创新的“内粘式”业内价值，可以通过与“外延式”的连锁董事进行有效协同，共同服务于企业创新绩效的产生。

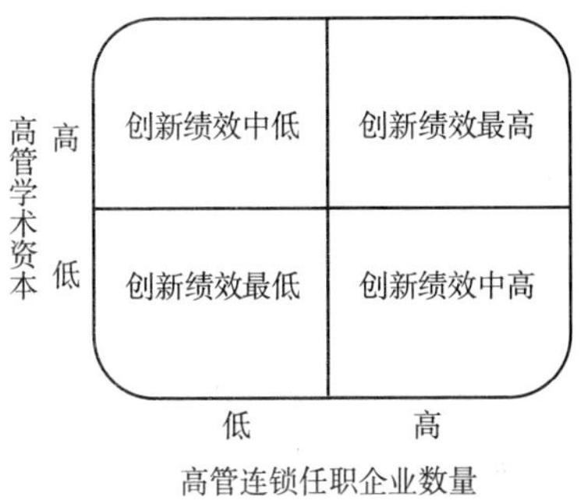

图5-2　协同创新二维矩阵图

5.5　本章小结

本章以社会资本和资源依赖理论为基础，以社会学“社会资本”为视角，深入探讨“学者的价值何在”的现实问题。基于上市公司连锁董事数据信息，切入高管学术资本到企业创新绩效作用机制的研究中去。本章基于我国2008—2013年沪、深A股上市公司1476家企业数据，从社会资本和资源依赖的理论视角出发，探索了高管个人学术资本向企业创新绩效的转换，以及高管学术资本协同高管连锁任职带来的社会资本间协同作用，对企业创新绩效的影响和作用机制。在理论上拓展了我国的关系网络与创新研究，即以高管学术资本为研究对象，考察了其内化为企业具备的社会资本的机制，以及如何与外部社会资本协同，高效运用外部资源促进创新绩效的产生，对于建设创新驱动型企业和创新型国家具有重要的现实意义。

实证结果显示，高管学术资本通过“知识认知深度”“对内声望传递”“无形学院”3方面优势，促进企业创新投入；而创新投入以“知识依赖”“认知突破”“递延作用”“信任优势”4个方面，将高管学术资本转化为企业的创新绩效；高管连锁任职促进了高管学术资本到创新绩效的转化过程，具体表现为：高管兼任企业数量通过“异质性优势”“信息优势”“位置优势”和“协同优势”4个方面，促进高管学术资本向企业创新绩效转变。高管连锁任职通过“不确定性应对优势”“信号机制”“信任优势”和“位置优势”4个方面，促进高管学术资本向企业创新绩效转变。高管连锁任职通过“方向把握”“深度切入”“广度提升”和“协同机制”4个方面，促进高管学术资本向企业创新绩效转变。

本章对于理论贡献体现在以下3个方面：(1) 对社会资本理论的内外协同机制进行了拓展。本章从高管学术资本对企业绩效的实践思索出发，探索了自然人社会资本内化为组织社会资本过程中，与外部社会资本的协同作用。实现了内部和外部、个体和组织的层级突破的内外协同机制。(2) 深化资源依赖理论中关于“依赖”的“社会资本”的视角解读。组织维持运转的资源不可能完全由自身提供，因此，要创造好的资源渠道和资源优势来适应自身的发展目标。从组织将学术资本内化为企业创新绩效，以及将外部连锁任职带来的社会资本，对内部个体到组织的社会资本转换起到了积极作用。(3) 从内部和外部社会资本两方面，丰富了协同机制的定量研究。社会资本理论和资源依赖理论的结合，为企业内外协同机制的研究提供了“社会资本”和“资源依赖”的视角，突破企业边界限制，通过社会资本降低企业资源依赖，进而实现企业内外部环境的有效协同。

第6章 高管政府资本、学术资本协同与企业创新

6.1 相关研究概述

在知识经济时代和全球经济一体化的大背景下，创新日益成为企业构建核心竞争能力的重要源泉之一（党兴华、张巍，2009），这为我国赶超发达国家提供了新的机遇；同时，也对我国企业在急剧变化的环境中开拓创新提出挑战。作为创新的主体（鲁桐、党印，2014），企业如何提高自身创新绩效，培养竞争优势以加快我国的赶超步伐，是时代赋予企业的历史使命（赵延东，2003）。Rycroft和 Kash 提出，建立和维持有效的网络是 21 世纪企业创新成功与否的关键因素（Rycroft and Kash，1999）。许多研究者们提出社会网络在

知识积累中的重要作用，且社会资本在技术创新中的影响已成为一个较新的研究课题。“社会资本”（Social Capital）始于社会科学研究领域（赵延东，2003）。自20世纪90年代以来，管理学领域对“社会资本”开始特别关注并逐渐成为研究热点（李玉连，2006）。社会资本在解释经济与社会发展时指出，市场制度在“真空”中无法运行，所以正式制度下的企业绩效的取得，需要同时依赖于非正式制度中社会资本的作用（赵延东，2003），而企业间网络关系，正是对制度环境下资源分布不均衡的非制度补充。基于社会资本在创新过程中的重要作用，如何充分利用企业内部人员和企业间的社会资本，共同作用于企业创新绩效的提升变得日益重要。

创新需要大量的资源投入，而创新过程具有复杂性和不确定性（曾萍、邓腾智、宋铁波，2013）。在“新经济”时代，创新更多借助合作的网络来实现，个人和组织间的“社会资本”也就因此成为创新的一个重要影响因素。现阶段衡量个人和企业多层次的社会资本时，存在以个人社会中的“对内社会资本”和“对外社会资本”（Shipilov and Danis，2006）替代企业社会资本的混乱状态。也有学者通过企业高管是否在政府机关任职、是否有过跨行业的工作经验和领导经历、社会交往的广泛程度等指标来衡量企业的社会资本（边燕杰、丘海雄，2000）。这在一定程度上存在以重要的自然人社会关系替代企业或组织社会网络连接关系的问题，虽然这种替代方式为研究的可操作性提供便利和可能，但是仍然存在混淆个人社会资本和企业社会资本的问题，因为两种社会资本是基于不同的层面的，只是简单地替代并不能厘清两者之间的关系和内在逻辑。

社会资本作为社会结构，是一种优势的隐喻（Burt，1992）。Fountain（1997）指出，创新是经济发展的动力所在，随着科技的飞速发展，创新的速度日益加快、创新领域迅速拓展、创新投入和创新风险急剧增长，这对单一企业的创新模式提出巨大挑战。企业越来越热衷于聘任知名学者、专家、业界精英等社会名流加入企业高管团队，高薪聘任社会名流成为企业高管的意义何在？高管个人社会资本如何作用于企业创新？21 世纪网络成为企业创新的关键（Rycroft and Kash，1999），企业在网络关系中获得的社会资本如何作用于企业创新？转型经济时期政府在资源配置中具有决定性作用，政府资本怎样影响高管学术资本向企业社会资本，以及高管学术资本向企业创新绩效之间的转换？如何才能更好地运用高管社会资本服务于企业创新，成为一个亟待解决的问题。本章以 2008—2014 年中国 A 股上市公司连锁董事全网络，研究高管学术资本、企业网络位置和创新绩效之间的关系，检验高管政府资本对高管学术资本向企业社会资本，以及向企业创新绩效转化过程中的影响作用。首次将高管个人的社会资本，和企业基于网络结构获得的社会资本进行了明确区分，并厘清高管个人社会资本向企业社会资本转化的内在机制。

6.2 文献回顾与研究假设

6.2.1 高管学术资本与企业创新绩效

高管社会资本分为“内粘式”和“桥梁式”，“内粘式”高管社会资本是指高管成员之间共享的价值观，和内部联系能力所带给企业的可利用资源的总和，“桥梁式”高管社会资本是指高管成员与相关组织机构的联系，带给企业所能利用资源的总和（陆红英、董彦，2008）。社会资本对知识积累以及技术创新的作用是较新的研究课题（赵延东，2003），知识的积累，即科学新思想在科学家组建的群体中进行扩散的过程，这在很大程度上是依赖非正式的网络联系。科学家之间的非正式关系或网络组织通常被称为“无形学院”（Invisible College）（沈艺峰、王夫乐、陈维，2016）。“无形学院”为科学家之间交流以及合作提供基础，本质是科学共同体的资本存量。因此，具有学术背景的高管，为企业获得“无形学院”的资源提供便捷的渠道。基于高管社会资本的“桥梁式”作用（陆红英、董彦，2008），架构了企业和“无形学院”的有效连接，为企业创新提供强大的知识储备。

“学术资本主义”提出知识成为“资本”，大学教师是知识的拥有者，并认为大学教师成为“资本家”的时代已来临（斯劳特、莱斯利、拉里，等，2008）。沈艺峰、王夫乐、陈维（2016）在研究独立董事的学术背景时指出，关于高管学术背景的研究几近空白，并在研究中将独立董事的学术背景，简单划分为存在与否的（0，1）二值型，忽略了学术背景的数量差异，这为本章探讨学术资本的重要作用提供了深入探讨的空间。创新高度依赖知识（边燕杰、李煜，2001），对企业内部人力资源的知识基础具有较高要求，因此，具有学术背景的高管成为企业竞相追逐的对象。已有研究显示，每个公司约有两个高管具有学术背景，其中具有学术背景的高管占整个高管团队比例高达20%，而独立董事中该比例约为50%（沈艺峰、王夫乐、陈维，2016）。高管团队中独立董事的学术背景，基于创新信号传递或创新咨询，对企业创新投入具有正向影响（沈艺峰、王夫乐、陈维，2016）。可见，具有学术背景的高管不仅可以为企业提供通向“无形学院”的社会资本存量，还可以通过对创新提供具体方向性指引和传递创新信号3种范式作用于企业创新，促进创新绩效的提升。所以高管学术资本通过“桥梁式”作用、方向指引和信号传递对企业创新绩效发挥促进作用，从而本章提出如下研究假设：

假设 1：高管学术资本对企业创新绩效具有正向影响。

6.2.2 高管学术资本与企业网络位置

边燕杰等通过“拜年网”研究发现，具有最高职业声望的是科研人员，比政府领导都高（Scott and Meyer，1983）。根据声望传递和信号理论，通常企业聘请具有学术背景的高校教授存在声望传递的动机（沈艺峰、王夫乐、陈维，2016）。企业依靠聘请有学术背景的高管，可以通过个人的知名度和声望，为企业赢得和外部利益相关者接触过程中的声望。因为企业的声望会影响利益相关者的认知和判断，好的声望可以使企业获得更多的支持和更顺畅的沟通（Scott and Meyer，1983），以及市场中合法地位的取得、利益相关者合法性认可（陈怀超、范建红、牛冲槐，2013），从而为企业获得更高的社会荣誉和地位提供有利条件，促进企业在组织间声望的进一步获得。可见高管的学术背景赋予其较高的职业声望，可以通过声望传递为企业获得更高的声望；同时，借助于高管的高职业声望，企业可以获得更多利益相关者的合法性认可，为企业进一步网络声望的获取提供便利，是高管学术资本传递作用于企业社会资本。本章提出高管学术资本的“递延式”传递，是高管优势社会资本向企业社会资本传递的方式，即高管通过传递个人丰富的社会资本，传递并内化为企业的社会资本，是个人社会资本向企业社会资本的有效转化的必经阶段。具体为本章中企业聘任具有学术背景的高管，可以将高管的职业声望的稀缺资源，通过声望传递（边燕杰、李煜，2001），带给企业在网络关系中的网络声望为企业带来获取社会资本的优势位置。所以高管学术资本对企业网络声望具有促进作用，从而本章提出如下研究假设：

假设 2a：高管学术资本对企业网络声望具有正向影响。

知识权力指通过知识资源而拥有影响其他企业行为的能力，是按照知识配置而产生的（党兴华、张巍，2009）。如柏拉图认为，最智慧的人才是国王的最佳人选，孔子认为“学而优则仕”，而随着知识的不断增长和重要性显现，才真正意义上实现了权力按照知识配置（党兴华、张巍，2009）。企业邀请具有学术背景的高管加盟企业，不仅可以获取高管的知识资本，还能借助于高管的学术背景和在其学术中的地位，根据知识权力传递，使得企业在科技创新领域获得权力（党兴华、张巍，2009）。此外，具有学术背景的高管还具有专家权力，该权力源于其知识和技能，为企业获得外部网络的知识带来多样化信息，避免了企业认知锁定（范建红、陈怀超，2015），从而依靠专家权力保证企业处于创新的前沿领域。因此，企业聘请具有学术背景的专家担任高管，可以通过知识权力和专家权力的传递和信号理论，使企业在网络关系中具有更多的发言权、更高的地位和更大的网络权力。补充本书提出的高管社会资本“递延式”，具体为企业聘任具有知识权力和专家权力的人员担任高管，通过权力的传递，带给企业在网络关系中的网络权力，进而提升企业的资源和信息的控制力，为企业带来获取社会资本的优势位置及控制力源泉。所以，高管学术资本对企业网络权力具有促进作用，从而本章提出如下研究假设：

假设 2b：高管学术资本对企业网络权力具有正向影响。

6.2.3　企业网络位置的中介作用

6.2.3.1　企业网络位置和创新绩效

企业和企业之间的竞争方式发生了革命性的变化，由原来普遍意义上的竞争关系，转化为竞争和合作共存，为了能够更好地合作，企业和企业间构造了企业网络，因此，企业的“网络化”逐渐兴起。在“网络化”大背景下，任何企业都不可能具有发展所需要的全部资源，不得不依赖于合作来进行技术创新，因此，企业都主动或被动地嵌入各种网络关系之中。企业行业内的技术发展前景和需求变化，决定了企业创新的方向，而网络位置决定未来企业获得这些重要信息的能力（程聪、谢洪明、陈盈，等，2013）。Granovetter（1985）认为，信息的交换是嵌入在网络之中的，和外部企业建立的网络关系有利于企业获得研发和战略信息，为技术创新提供机会。因此，企业越嵌入网络的中心，越能通过网络关系获得多样化的信息，从而提高创新水平（吴晓波、韦影，2005）。而具有较高网络“声望”和网络“权力”的企业，往往处于企业网络关系的中心位置，能有效吸收和控制外部资源作用于创新，因此得到广泛关注。

一般意义而言，声望是一种社会报酬，是一种稀缺资源，在社会结构中分布是不均等的，在个人层面，那些在社会网络中获得更多正向选择的个人具有较高的声望（Tsai and Ghoshal，1985），即声望反映了某一行动者受欢迎的程度，即在网络中的内结点度越大，则声望越高（林聚任，2009）。可见声望是一种反映选择和被选择的关系（林聚任，2009），而在组织层面的企业合作，本章认为是一种决定选择倾向的概念，即企业在建立网络关系时更愿意“和谁合作”。值得信赖和信守承诺的企业往往具有较高的声望，从而也更容易成为其他企业欢迎的合作伙伴，企业值得信赖的水平对企业间的资源交换具有正向影响（Tsai and Ghoshal，1998）。其中信赖即高水平的信任，对以往的承诺及时履行的企业信誉为企业赢得了更多的合作机会，可促进企业之间技术和知识的共享和利用，从而提高企业间合作创新的成功率。Wilson 和 Kristan（2002）在归纳总结了7个最有影响的“关系模型”后，认为信任是最常用的企业层面社会资本的关系维度（Fynes and Voss，2002）。信任可以促进合作者之间及时、正确、有效地沟通，从而有效地排除不确性，对合作的有效性具有显著影响（Humphreys，Li and Chan，2004）；而创新具有高度的风险和不确定性，需要企业间较高的信任程度。网络声望较高的企业因为其较高的可信赖程度，继而成为企业间合作的首选，企业间以信任为基础的亲密合作，可以保证企业间进行较充分的资源交换、技术的共享和利用，从而提高企业的创新绩效，促进企业创新绩效的提升，即高管通过“递延式”社会资本，传递给企业网络声望进而促进企业创新。所以企业声望对创新绩效的提升具有促进作用，从而本章提出如下研究假设：

假设3a：企业网络声望对企业创新绩效具有正向影响。

“资源”是社会资本理论的核心（Lin，2001），社会资本的本质是：个体拥有或是嵌入在网络关系之中的资源或资源的获取渠道；而依据资源依赖理论而知，企业的创新依赖于内外部资源，因此，在网络关系中资源的控制力强弱成为企业创新的关键所在。Burt 提出，在社会网络中拥有“结构洞”位置的行为者，可以直接获得信息获取和控制的优势（Scott and Meyer，1983）。企业网络关系中基于资源和信息的获取和控制力，为企业带来依赖和被依赖的关系，从而产生权力。因此，企业间关系存在多层次的权力依赖性，决定了技术创新网络是基于权力依赖的网络关系。这种依赖关系导致企业间权力的产生，具有较高网络权力的企业可以获得更多的资源和信息，以及资源和信息的控制力。具有网络权力的企业既可以保证为企业从事创新提供足够的资源和最新的资讯，又可以决定网络关系内部蕴含的资源和信息的流向有利于自身长远发展的利益相关者。由此可见，企业在社会关系网络中处于较好的位置（权力的拥有者），既能够获得更多的合作信息，更好地把握和其他企业的合作机会，还可以借助网络位置优势，控制或是影响其他企业的行为，使合作关系按照既定的方向发展（张小蒂、李风华，2001）。因此，具有网络权力的企业，通过拥有较多的资源和信息，以及对资源信息流向的控制，促进自身创新绩效的提升。所以，企业权力对创新绩效的提升具有促进作用，从而本章提出如下研究假设：

假设 3b：企业网络权力对企业创新绩效具有正向影响。

6.2.3.2 企业网络位置的中介作用

关于高管学术背景和企业创新绩效之间关系研究，不难推理出高管的学术资本可以通过企业网络声望来影响创新绩效。具体有两个方面：一方面，具有学术背景的高管具有较高的职业声望，声望的传递（边燕杰、李煜，2001）带来了企业在利益相关者中的声望，影响利益相关者和企业的沟通和对企业的判断（Scott and Meyer，1983）。提高企业对合作者的吸引力，为企业间的合作创新提供可能。另一方面，高管声望可以促进利益相关者对企业的信任。已有的研究显示，职业声望最高的是科学研究人员（边燕杰、李煜，2001）。企业聘请有学术背景的高校教授可以将个人声望传递到企业，即存在声望传递的动机（沈艺峰、王夫乐、陈维，2016），是企业获得声望的便捷途径，通过声望的传递可以使企业在市场中具有合法地位，获得合法性认可。如有的企业在进行上市资格评估审核过程中，具有较高声望的高管会增加其成功上市的可能。此外，信任是企业间在进行合作创新过程中，充分共享和利用技术和知识的保障，可以提高企业间合作创新的成功率。从已有关于高管学术背景和企业创新绩效之间的关系研究中可以看出，高管的学术资本可以通过企业网络权力来影响创新绩效。具体表现在以下两个方面：一方面，知识权力和专家权力的传递提升了企业的网络权力，从而使企业在网络关系中具有更高的地位和资源信息的控制。权力按知识配置（党兴华、张巍，2009），高管学术资本既能保证自身创新所需的资源有效供给，也能控制信息和资源流向对自身发展有利的利益相关者，从而促进创新绩效的提升。另一方面，具有学术背景的高管可以为企业提供技术支持和管理咨询，为企业选定正确的技术创新方向提供智力支持。技术创新的过程充满了风险和不确定性；而高管的学术资本为企业通往“无形学院”提供了便捷渠道，使企业在技术研发领域中具有较强的方向性把握能力，从而在一定程度上引领创新发展方向的潮流，可以保证企业处于技术方向的话语权，即借助于高管的学术背景和在学术中的地位，根据知识权力传递和信号理论，使得企业在科技创新领域获得权力（党兴华、张巍，2009）。也更容易利用周围的资源服务于企业创新，保障企业创新绩效处于行业前沿。所以，企业网络声望和网络权力通过高管学术资本的“递延式”传递，内化为企业的社会资本进而促进创新绩效的提升，从而本章提出如下研究假设：

假设4a：企业网络声望在高管学术资本和企业创新绩效之间有部分中介作用。

假设4b：企业网络权力在高管学术资本和企业创新绩效之间有部分中介作用。

6.2.4　高管政府资本的调节作用

政府资本的重要作用是我国经济转型时期的特殊阶段所决定的，是所有国家经济发展过程中的必经阶段。一方面，中国特殊发展阶段决定了政府引导的重要作用。西方经济学中一种流行观点认为，政府干预通常是无效的，即使出现市场失灵也足以说明政府干预的合理性和必要性，因为政府的失灵比市场失灵危害更大；另一种观点指出，由于利润动机较弱以及涉及政治、文化等诸多非经济因素，政府的隐形效率较私人部门要低（张小蒂、李风华，2001）。从资本主义发展阶段可以看出，德国、法国、韩国、日本等发达国家的经济发展，都是在政府大力干预之下繁荣起来的，而当经济发展到某一阶段之后，这些国家的政府才纷纷转型，其干预力度比发展初期有所降低（于潇、王学龙，2015）。可见现在西方经济学所强调的市场主导是在经济发展到一定阶段后的状态；而在中国转型经济时期，市场资源配置的低效率，使政府在企业创新行为中的引导至关重要，也是发达国家经济在发展过成中的必经阶段。另一方面，硬件设施和创新制度环境的创建至关重要。技术对于基础设施和环境的依赖程度较高（张军，2006）；而基础设施的投入具有公共物品性质和"搭便车"的问题；同时，专利制度、产权制度和法律体系等在内的多项制度环境对创新环境的维护至关重要。而在技术变迁较快的发展中国家，对以上制度的需求更加明显（张军，2006），技术创新环境建设是政府工作的重点（肖广岭、柳卸林，2001）。此外，政府政策对新型产业战略先机的把握至关重要。我国资本市场的形成历史较短，难以对新兴的产业提供足够支持，这就需要政府推行短期的刺激和配置政策来保证获得新兴产业的战略发展先机（张小蒂、李风华，2001）。

在我国"官本位"的社会文化传统和社会转型时期我国制度环境中资源和信息分配不均衡的双重背景下（尉建文、赵延东，2011），企业网络地位的维系，及高管的学术资本向企业网络优势地位的转化，一定程度上受到政府资本的影响。"官本位"的文化背景根深蒂固，"学本位"很难独立作用于市场经济下企业网络关系，因此，在知识经济时代，有效利用"官本位"

才能有效促进“学本位”作用的有效发挥。所以，政府资本的引入能在一定程度上辅助“学本位”对企业网络关系中地位的形成。此外，转型经济时期，我国市场机制不能有效发挥资源配置的作用，政府代替市场充当资源配置的角色（范建红、陈怀超，2015）。

政府资本在企业高管学术资本和网络位置之间的作用不言而喻。罗思平、于永达（2012）对中国光伏产业“海归”群体的研究发现，高管拥有海外教育背景或工作经验，能显著提高企业创新绩效，强化企业的专利保护。具有学术背景的高管传递了公司创新活动的信号（胡元木，2012）。因此，高管的知识水平可以提升企业的创新绩效和创新产出（沈艺峰、王夫乐、陈维，2016）；同时，政府对关键人才的吸引、政策信息的沟通等能显著促进企业创新绩效的提升（杨震宁，2012），也对企业的创新方面进行政策指引。企业高管之间可以进行有效沟通和交流，具有专家知识的高管能有效认知政治关系所能带给企业的资源（范建红、陈怀超，2015），从而维持企业网络优势位置的保持，进而促进企业创新绩效的发挥。

学术资本对创新有效性的发挥需要依赖政府的引导，具体体现为以下三个方面：

第一，技术创新具有较强的外部性。单纯依靠市场中的竞争和价格机制无法解决创新的外部性问题，技术创新尤其是基础科研项目，社会收益远远高于私人收益，私人的付出很难得到充分补偿，这就需要政府完善专利保护法加以解决（张小蒂、李风华，2001）。因此，对于企业而言，学术资本在作用于企业创新产出的过程中，政府创新专利的政策支持和引导至关重要，企业只有在获得政府相关专利保护政策的信息情况下，才会充分利用企业内部的知识资源进行技术创新。

第二，技术“外溢”造成博弈困境。在信息不对称和非充分竞争的市场状态下，市场机制不能达到帕累托最优（Greenwald and Stiglitz，1986）。企业在技术创新领域前期进行较高投入，而完成之后却遭遇技术“外溢”的困境，因此，企业更倾向于采用等到其他企业“技术外溢”的策略，创新将会陷入停滞，因此，难以保证在市场范围内的帕累托最优①，即使学术资本为企业创新行为提供充分的知识基础和智力支持，也不能保证企业获得较为准确和便捷的政策信息；而遭受技术“外溢”的风险，会导致企业在创新过程中的畏首畏尾，创新难以高效进行。

第三，鉴于我国转型经济时期的信息不对称现象，企业邀请拥有政府背景的个人担任高管，为企业获取准确的政府政策信息和解读，以及顺畅的政策获取渠道提供了便利，从而保证企业在技术创新领域中一直处于引领“创新”的优势地位。而当企业所处的网络位置，在整体网络中具有一定控制力优势，企业会获得更多有关技术创新的流动信息（高太山、柳卸林，2016），从而可以更好地引导企业内部的学术资本作用于企业创新行为。如政府政策鼓励大学与企业共建工程中心、博士后流动站等都促进了创新知识的转移和技术的流动（柳卸林、王昌林，2009），即高管学术资本和高管政府资本的“内粘式”融合，高效整合高管层面的社会资本，通过“递延式”传递作用于网络位置，或是直接作用于企业创新。综上所述，企业高管政府资本调节了高管学术资本和网络声望/权利，以及高管学术资本和企业创新的关系，从而本章提出如下研究假设：

假设5a：高管政府资本正向调节高管学术资本和网络声望之间的正向关系，即高管的学术资本和企业网络权力的正向关系在高管政府资本较多的情况下要比高管政府资本较少情况下增强，且对企业创新绩效的调节作用是通过企业的网络声望实现的。

假设 5b：高管政府资本正向调节高管学术资本和网络权力之间的正向关系，即高管的学术资本和企业网络权力的正向关系在高管政府资本较多的情况下要比高管政府资本较少情况下增强，且对企业创新绩效的调节作用是通过企业的网络权力实现的。

根据以上理论分析和假设构建，构建本章的理论框架（见图 6－1）。

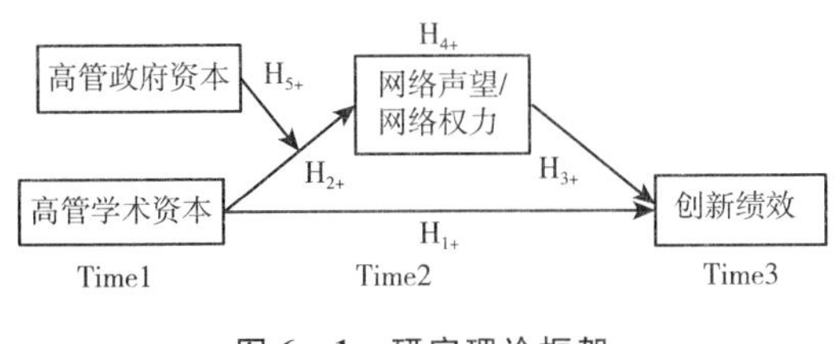

图 6－1　研究理论框架

6.3　研究设计与样本选择

6.3.1　样本选择与数据来源

由于我国传统文化背景、经济处于转型阶段的特殊性，“关系”成为正式制度的重要替代机制，甚至是我国企业成功的重要前提（Buderi and Huang，2006）。由于我国正处于转型经济时期，经济增长方式的变革导致我国企业处于高度不确定的制度环境之中，资源和信息的传播具有一定的局限性。董事会可以为企业的发展提供了以下四个方面的好处：第一，以建议的方式提供信息；第二，提供了信息流动渠道；第三，获取资源的优先使用权；第四，提供合法性。而董事的交叉任职将企业的董事会连接在了一起，将蕴含在董事个人内部以及企业间的社会资本充分调动服务于企业，将以上四种优势在一定程度上进行了拓展。基于社会资本理论，连锁董事网络能反映企业之间的资源依赖关系。社会资本理论和社会网络分析方法关系密切（Lin，2001），采用“个体中心网络”（Ego Centered Network）分析个体社会资本，将个体网络视为整体社会网络中的一个局部，以及延伸出去的网络状况（Lin，Peng and Yang et al.，2009）。本章运用上市公司普遍存在的连锁董事关系网络来衡量企业的网络位置，且连锁董事网络研究已得到学术界的广泛认同，并呈指数增长态势。

在对企业连锁董事网络衡量的过程中，本章借鉴 Markóczy 等，采用社会网络分析软件 UCINET6.0 来对上市公司组建的社会网络进行具体分析，得到社会网络相关指标（Markóczy，Sun and Peng et al.，2013）。关于连锁董事的数据搜集，本章参考上市公司的年报信息，找到一个董事在多家企业任职的情况，分年度和个人以及公司分别进行人工辨别和处理，从而剔除具有姓名的不同董事信息，最终得到上市公司 2008—2014 年连锁董事网络，为衡量企业在网络中的位置——“声望”和“权力”构建网络基础。企业数据主要来源于国泰安数据库（CSMAR），该数据库在研究领域广泛应用（Markóczy，Sun and Peng et al.，2013；Bai and Xu，2005；Lin，Peng and Yang et al.，2009）。并参考上市公司年报、上海证券交易所（www.sse.com.cn）以及深圳证券交易所（www.szse.cn）的相关数据对数据库信息进行补充。对所有企业进行了以下处理：（1）剔除网络之外的企业；（2）剔除金融样本；（3）剔除 ST、ZT 的上市公司。最终，获得 5131 个有效样本（1533 家上市公司）。

6.3.2 变量说明

1. 因变量：创新绩效（*R&D*）。企业获得专利数据来自于

WIND 数据库，专利分为发明专利、实用新型专利和外观设计专利，按照0.5、0.3、0.2 比例加总后的自然对数为企业创新的衡量指标（温忠麟、张雷、侯杰泰，2006）。

2. 自变量：高管学术资本（*ACAD*）。沈艺峰等人（2016）在研究独立董事学术背景时，采用存在与否的二值型（沈艺峰、王夫乐、陈维，2016），忽略了学术背景的数量差异，本章具有高校任职背景的高管人数，作为高管学术资本的衡量指标，数据来源于国泰安中关于高管人员的背景描述。

3. 中介变量：(1) 网络声望（*PRE*）。关于声望的衡量指标主要分为以下3种：度声望指标（Degree Prestige），邻近度声望指标（Proximity Prestige）和名位声望指标（Status and Rank Prestige）（汪云林、韩伟一，2006）。目前绝大多数的研究仅考虑度声望指标（马富萍、李燕萍，2011），本章选取度声望指标来衡量。运用软件 UCINET6.0 计量社会网络中和企业直接相连的企业数，来表示企业的网络声望，其计算方式如下：

$$PER = \sum_{i=1}^{n} a(p_i, p_k)$$

如果两个企业（具有同一董事）之间有连接，那么 $a(p_i, p_k) = 1$，否则 $d(p_i, p_k) = 0$。企业的网络中心度和企业总连接数相同，即在网络中和该企业直接相连的企业的个数。

(2) 网络权力（*PWR*）。处于关系较为疏松的“结构洞”位置，可以为企业带来控制优势（Burt，1992），企业占据的结构洞数量就越多，越有可能成为企业间关系的中介和“桥梁”，从而交际能力变强，获得的社会资本也就会越多，导致其他企业的依赖而产生权力。因此，“结构洞”指标成为网络权力较为契合的测量指标。图6－2所示的“结构洞”优势就形象地表达了企业处于“结构洞”位置时的战略优势。图6－2中，A、B、

C、O代表四个个体行动者（企业），图6-2（a）中A、B、C、O四者直接联系，处于对等的地位。图6-2（b）中A、B、C只有通过O才能相互联系，因此，O处于“结构洞”的位置在A、B、C中间充当“信息桥”的角色。运用有效规模（Effective Size）是指行动者个体网规模减去网络的冗余（Redundancy），指标衡量企业的“结构洞”，即企业的网络权力，该指标越大说明企业占据的“结构洞”越多，具体计算方式如下：

$$PWR = \sum_{j}\left(1 - \sum_{q} P_{iq} m_{jq}\right), \quad q \neq i, j$$

其中，j代表和行动者连接的所有点，q是指除了i以外的每个第三者。括号内部的$P_{iq}m_{jq}$代表自我点和特定点j存在的冗余度。P_{iq}代表投入q的关系所占的比例，m_{jq}投入是j到q的关系边界强度，等于j到q的关系和j到其他关系点中最大值的比例。乘积$P_{iq}m_{jq}$是i与j的关系相对于i与其他关系点的关系的比例。

调节变量：高管政府资本（*GOVT*）。具有省级以上政府任职背景的高管人数，作为高管政府资本衡量指标。

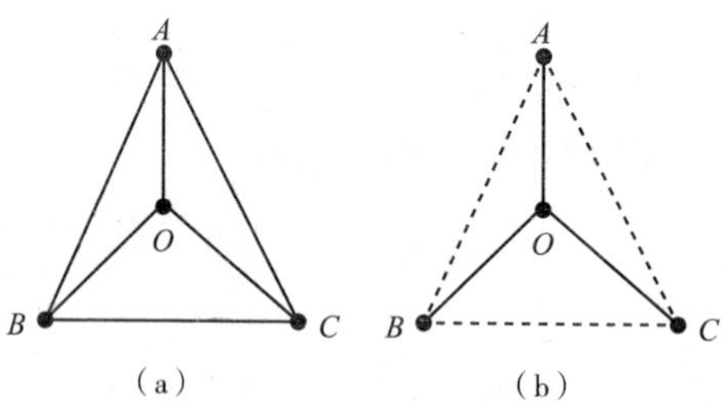

图6-2 “结构洞”优势

4. 控制变量：本章借鉴前任研究基础，对以下变量进行控制，研发投入（*R&D_I*）；企业规模（*SCALE*）；企业年龄（*AGE*）；控制人性质（*SOE*）；两职兼任（*DUAL*）；董事会规模（*BOARD*）；

独立董事比例（*OUT*）；所处行业（*IND*）；年度效应（*YEAR*）。由于创新绩效、研发投入、企业规模极大值均较大，为避免极端情况对回归分析结果产生的影响，均进行了双向 1% 的 Winsorize 处理。仅从统计关系和当期创新绩效分析因果，很容易被数据表象所蒙蔽，为更好地保证高管学术资本、企业网络位置、创新绩效关系的稳健性和因果关系，自变量高管学术资本、调节变量高管社会资本和所有控制变量选取 t 期数据，中介变量网络声望和网络权力选取 t+1 期数据；而因变量企业创新绩效选取 t+2 期数据。综合以上变量，具体变量名称和测量方式见表 6-1。

表 6-1　　　　主要变量指标说明

	符号	变量名称	变量定义
因变量	*R&D*	创新绩效	第 t+2 年末企业专利产出自然对数
自变量	*ACAD*	高管学术资本	第 t 年末企业高管团队学术背景人数
中介变量	*PWR*	网络权力	第 t+1 年末企业网络中的“结构洞”
	PRE	网络声望	第 t+1 年末企业网络中的中心度
调节变量	*GOVT*	高管政府资本	第 t 年末企业高管团队政府任职经历人数
控制变量	*R&D_I*	研发投入	第 t 年企业研发投入经费的自然对数
	SCALE	企业规模	第 t 年末企业员工人数的自然对数
	AGE	企业年龄	企业成立时间到第 t 年的时期长度
	SOE	控制人性质	哑变量，第 t 年末实际控制人为国有企业为 1，否则为 0
	DUAL	两职兼任	哑变量，第 t 年末董事长和总经理两职为同一人则为 1，否则为 0
	BOARD	董事会规模	第 t 年末董事会规模
	IND	所处行业	哑变量，参照 2001 年证监会行业分类设置
	YEAR	年份	发生年份（第 t 年）

6.4 回归分析与假设检验

6.4.1 描述性统计和相关性分析

表6-2描述了主要变量之间的相关性。由相关分析可知，高管学术资本和创新之间存在正相关关系，这就在一定程度说明和本章的基本假设相一致；企业网络“声望”和网络“权力”均和高管学术资本、企业创新存在正相关关系，在一定程度上呈现中介变量的内在特征；这说明本章的思路是可行的。

表6-2　变量之间的相关关系描述

	R&D	*ACAD*	*PRE*	*PWR*	*GOVT*
R&D	1				
ACAD	0.0858***	1			
PRE	0.1198***	0.1513***	1		
PWR	0.1483***	0.1361***	0.9500***	1	
GOVT	0.1896***	0.1382***	0.1387***	0.1610***	1
MEAN	34.9027	2.2405	5.3446	3.9169	0.8225
SD	77.8982	1.5050	3.0558	2.5701	1.0365

注：N=5131，$* p<0.10$，$** p<0.05$，$*** p<0.01$。

6.4.2 回归分析和假设检验

在进行回归分析之前，首先对变量的共线性进行检验。结果表明，控制变量和研究变量之间的方差膨胀因子VIF值均低于经验值10，可见不存在严重的共线性问题，具有统计学意义上的独立性，可以进行后续的回归分析。由表6－3中高管学术资本、网络位置、创新绩效关系回归分析，在控制创新投入、控制人性质、企业规模、企业年龄、两职兼任、董事会规模以及行业和年份后，高管学术资本对创新绩效具有显著正向影响（M2，$\beta=3.069$，$p<0.01$），假设1得到支持；同时，可以看到高管学术资本对网络位置中的网络声望和网络权力具有显著正向影响（M3，$\beta=0.025$，$p<0.01$；M4，$\beta=0.175$，$p<0.01$），假设2a和假设2b分别得到支持；网络位置中的网络声望和网络权力对创新具有显著正向影响（M5，$\beta=0.142$，$p<0.01$；M6，$\beta=1.680$，$p<0.01$），假设3a和假设3b分别得到支持；对于假设4和假设5的检验，采用温忠麟等提出有中介调节效应模型的检验方法，分3步验证（温忠麟、张雷、侯杰泰，2006）：①做因变量对自变量、调节变量和自变量与调节变量的交互项做回归，即创新对高管学术资本、高管政府资本、高管学术资本和政府资本的交互项做回归（M7，$\beta=2.279$，$p<0.01$），得到显著的交互项回归系数，从而验证了高管政府资本对高管学术资本和创新绩效之间的关系具有调节作用；②做中介变量对自变量、调节变量和自变量与调节变量的交互项做回归，即网络声望/网络权力对高管学术资本、政府资本及政府资本的交互项做回归（M8，$\beta=0.048$，$p<0.01$；M9，$\beta=0.030$，$p<0.1$），得到显著的交互项回归系数，从而验证了高管政府资本对高管学术资本和网络权力/网络声望之间的关系具有调节作用，假设5得到支持；③做因变量对自变量、调节变量、自变量与调节变量的交互项、中介变量做回归，即创新对高管学术资本、高管政府资本、高管学术资本和政府资本的交互项、网络声望/网络权力做回归（M10，$\beta=0.552$，$p<0.01$；M11，$\beta=1.266$，$p<0.01$），得到显著的中介变量回归系数，从而验证网络权力/网络声望对高管

表 6－3　　高管学术资本、网络位置、创新绩效关系回归分析

	M1	M2	M3	M4	M5	M6	M7	M8	M9	M10	M11
	R&D	*R&D*	*PRE*	*PWR*	*R&D*	*R&D*	*R&D*	*PRE*	*PWR*	*R&D*	*R&D*
ACAD		3.069 *** -3.96	0.255 *** -8.47	0.175 *** -6.98			2.212 *** -2.99	0.233 *** -7.77	0.155 *** -6.22	2.084 *** -2.80	2.017 *** -2.73
GOVT							6.004 *** -4.28	0.171 *** -3.87	0.196 *** -5.26	5.910 *** -4.16	5.755 *** -4.05
ACAD × *GOVT*							2.279 *** -2.52	0.048 ** -1.76	0.03 * -1.28	2.252 *** -2.49	2.240 *** -2.48
PRE					0.142 *** -3.12					0.552 *** -1.41	
PWR						1.680 *** -3.6					1.266 *** -2.68
R&D_I	14.057 *** -13.36	13.722 *** -13.26	0.211 *** -5.99	0.185 *** -6.38	13.722 *** -13	13.714 *** -13.06	12.988 *** -12.91	0.191 *** -5.44	0.164 *** -5.64	12.882 *** -12.72	12.781 *** -12.69
SOE	-27.461 *** (-3.82)	-26.372 *** (-3.70)	-6.079 ** (-2.33)	-0.283 (-1.17)	-26.512 *** (-3.70)	-26.881 *** (-3.75)	-24.701 *** (-3.55)	-0.644 ** (-2.22)	-0.262 (-1.09)	-24.346 *** (-3.49)	-24.369 *** (-3.50)
SCALE	19.302 *** -13.93	19.689 *** -13.97	0.213 *** -4.52	0.194 *** -4.9	19.050 *** -13.83	19.013 *** -13.83	19.267 *** -13.66	0.199 *** -4.19	0.176 *** -4.43	19.157 *** -13.62	19.044 *** -13.59

续表

	M1	M2	M3	M4	M5	M6	M7	M8	M9	M10	M11
	R&D	*R&D*	*PRE*	*PWR*	*R&D*	*R&D*	*R&D*	*PRE*	*PWR*	*R&D*	*R&D*
AGE	-0.224 (-1.07)	-0.171 (-0.82)	0.014 * -1.61	0.015 ** -2.05	-0.23 (-1.10)	-0.245 (-1.18)	-0.152 (-0.74)	0.015 -1.69	0.016 ** -2.18	-0.161 (-0.78)	-0.173 (-0.84)
DUAL	9.972 *** -4.78	9.782 *** -4.72	-0.130 * (-1.40)	-0.066 (-0.85)	10.057 *** -4.85	10.065 *** -4.83	9.612 *** -4.66	-0.135 * (-1.45)	-0.072 (-0.93)	9.687 *** -4.68	9.703 *** -4.7
BOARD	1.988 ** -2.11	1.492 * -1.55	0.216 *** -7.72	0.238 *** -9.55	1.566 ** -1.73	1.541 ** -1.7	1.031 -1.09	0.203 *** -6.85	0.223 *** -8.99	0.919 -0.99	0.748 -0.82
YEAR	Y	Y	Y	Y	Y	Y	Y	Y	Y	Y	Y
INDU	Y	Y	Y	Y	Y	Y	Y	Y	Y	Y	Y
CONS	-378.242 *** (-15.24)	-380.348 *** (-15.29)	-2.688 *** (-3.93)	-3.706 *** (-6.53)	-369.804 *** (-15.13)	-372.217 *** (-15.23)	-367.868 *** (-15.05)	-2.341 *** (-3.44)	-3.320 *** (-5.85)	-366.576 *** (-15.06)	-363.664 *** (-15.06)
N	5131	5131	5131	5131	5131	5131	5131	5131	5131	5131	5131
R^2	0.2594	0.2627	0.0837	0.0964	0.2623	0.2622	0.2721	0.0879	0.1028	0.2725	0.2737
F	14.023	13.707	12.809	14.507	13.613	13.614	13.201	12.311	14.234	12.822	12.839

注：N=5131，* $p<0.10$，** $p<0.05$，*** $p<0.01$（单侧检验）。

政府资本的中介作用，假设4a和假设4b分别得到支持。此外在我们关注的控制变量中，企业规模（*SCALE*）与企业的资源积累和获取存在紧密联系，会影响到企业创新（Zahra，2005），因此，在模型中具有显著正向影响。

已有的研究显示，政府的相关政策支持可以促进企业创新成果的产出；同时，统计结果显示企业了解政策环境可以促进自主创新行为，但是直接援助对于技术创新并没有显著提升，因此，政府的信息中介作用至关重要（江雅雯、黄燕、徐雯，2012）。鉴于政府信息中介作用的重要性，对于控制人性质（*SOE*）在模型中的显著性负向影响得以解释，即相对于国有企业而言，非国有企业获取的政府资源和政策信息较为匮乏，而且国有企业更容易获得稀缺的学术资源。因此，非国有企业的学术资本、政府资本，以及学术资本和政府资本两者的结合对其创新绩效的促进作用更加明显。

6.4.3 研究讨论

6.4.3.1 社会资本：创新的资源基础

Burt（1992）认为，社会资本是一种优势的隐喻，具有获取资源的优势和便捷渠道，因此，其优势的本质是"资源"优势。而创新过程中由于复杂性和不确定性，需要大量的资源投入（曾萍、邓腾智、宋铁波，2013），而社会资本为企业创新提供了后续的资源渠道和保障。社会资本不仅蕴含在个人层面，还蕴含在关系之中。网络中蕴含着丰富的社会资本，因此，建立并维持有效的网络是21世纪企业创新成功的关键（Rycroft and Kash，1999）。企业应该建立高效的网络关系，获得蕴涵在网络中的丰富的社会资本为自身创新实践提供资源支持。

6.4.3.2 学术资本：创新的智力支持和非制度保障

创新高度依赖专业知识，聘任具有学术背景的高管，基于创新信号传递或创新咨询，对企业创新具有一定影响（沈艺峰、王夫乐、陈维，2016）。网络观下的高管社会资本是可以为企业带来利益或是潜在利益的支持网络（马富萍、李燕萍，2011），可帮助企业面对复杂和在不确定环境，进行创新行为的前沿把握、创新战略规划；同时，还可为企业通往“无形学院”的科学共同体资本存量构建渠道。从企业“内部人”的角色出发，为企业的创新行为提供智力支持；同时，还可以通过“知识权力”“声望”的传递，为企业获得网络权力和市场合法性地位，提供了非制度层面的保障。

6.4.3.3　政府资本：学术资本的加速器和创新的制度保障

在低政府资本的情况下，随着学术资本的增加，网络声望有一定程度的提升。在高政府资本的情况下，由学术资本的增加而导致网络声望提升的程度更大（详见图6-3）。在低政府资本的情况下，随着学术资本的增加，网络权力有一定程度的提升。在高政府资本的情况下，由学术资本的增加而导致网络权力提升的程度更大（详见图6-4）。在低政府资本的情况下，随着学术资

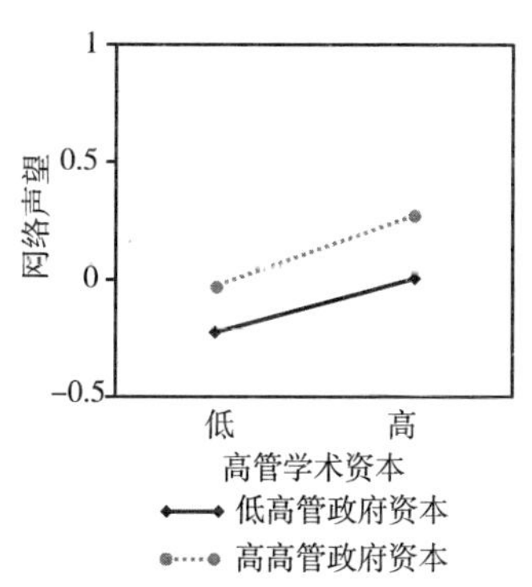

图6-3　高管政府资本对高管学术资本与网络声望关系的调节效应

本的增加，创新绩效虽有一定程度的提升，但是仍处于较低水平。在高政府资本的情况下，随着学术资本的增加，创新绩效得到显著提升（详见图 6－5）。在以上 3 种政府资本的调节作用中，本章主要对第 3 种进行阐述，即高管政府资本对高管学术资本和创新绩效之间的调节关系。

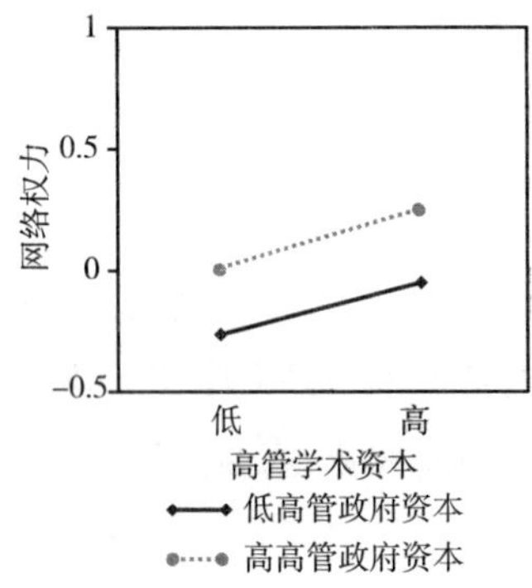

图 6－4　高管政府资本对高管学术资本与网络权力关系的调节效应

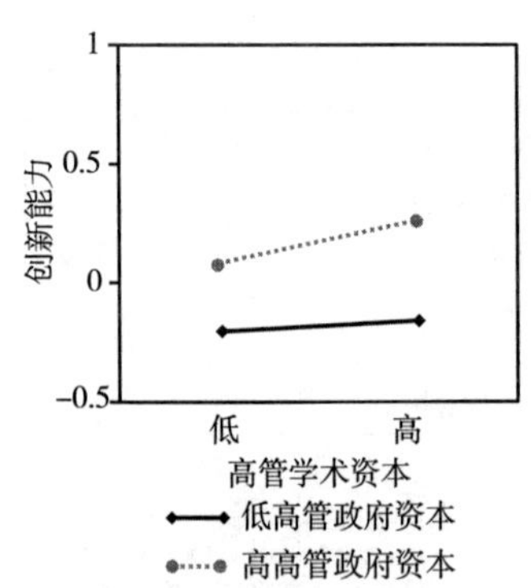

图 6－5　高管政府资本对高管学术资本与创新绩效的调节效应

研究发现，高管政府资本对学术资本在创新的影响中有显著的调节作用，即高管学术资本和创新之间的关系受到政府资本的影响。从图6-5中可以看出，当高管政府资本比较低时，企业的创新绩效处于较低水平，随着学术资本的增加，企业的创新绩效得到一定提升（由低到中低）；而在政府资本较高的情况下，企业的创新绩效处于较高的水平，而且伴随高管政府资本的增加，创新绩效得到显著提升（即由中高到高），从而得出创新绩效二维矩阵（具体见图6-6）。这说明政府资本是企业创新的保护机制，是企业学术资本的加速器，是创新的制度保障。

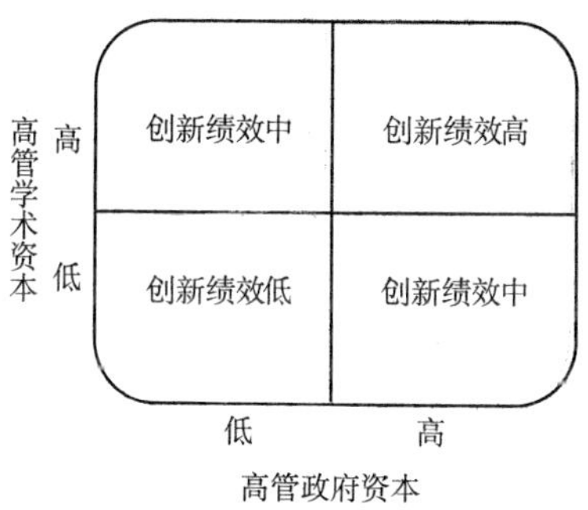

图6-6　创新绩效的二维矩阵图

6.5　本章小结

本章基于资源依赖理论和社会资本理论，探讨了高管学术资本、网络位置和创新之间的关系，并厘清了学术资本和政府资本在企业创新过程中的作用机制，在前人的基础上取得了一些进展：

第一，厘清社会资本由个人向企业层面的转化机制。现阶段衡量个人和企业社会资本时，存在以个人资本替代企业社会资本的混乱状态（Shipilov and Danis，2006）。在此基础上，本章丰富了两种高管社会资本方式，“内粘式”（本章中的高管学术资本和政府资本的调节作用）和“桥梁式”（高管学术资本作用于创新时“无形学院”的力量）。本章提出高管社会资本的“递延式”传递，是高管优势社会资本向企业社会资本传递的方式，即高管通过传递个人丰富的社会资本，传递并内化为企业的社会资本，是个人社会资本向企业社会资本有效转化的必经阶段。具体为本章中企业聘任具有学术背景的高管，可以将高管的职业声望、知识权力和专家权力等稀缺资源，通过声望（Savory C，2009）和权力的传递，带给企业在网络关系中的网络声望和权力，进而提升企业的资源和信息的控制力，为企业带来获取社会资本的优势位置及控制力源泉。本章还解释了企业竞相追逐，高薪聘任具有学术权威地位的人员的社会现实和企业获益的逻辑链条。

第二，结合资源观下社会资本的“资源”本质，拓展了资源依赖理论中“资源”的内涵。资源依赖理论的核心是“资源”，而资源观下的社会资本，其本质是无形的社会“资源”（吴小节、杨书燕、汪秀琼，2015），可见企业对社会资本的构建和获得，都是为了更好地获得内外部资源，从而基于社会资本的“资源”本质，将其纳入资源依赖理论中来，拓展资源依赖理论中“资源”的内涵。

第三，运用社会网络中的网络优势位置，构建了社会资本理论和资源依赖理论的“桥梁”。资源依赖理论不仅强调了企业对环境的适应性，还认为企业试图积极并按照自身的优势来控制环境，非环境的被动接受者（吴小节、杨书燕、汪秀琼，2015）。

资源特别是关键性资源是决定企业间关系的重要因素（马永斌，2010）；企业间的社会资本不为任何企业所拥有；而企业所处的网络位置如果具有一定控制力优势，就可以获得更多有关技术创新的流动信息（高太山、柳卸林，2016），这可以为企业获得网络关系中蕴涵的社会资本提供便捷的途径和可能，进而使企业从被动的“接受者”，向拥有资源获取主动权的“控制者”转变。

第四，提出学术资本推动企业创新的直接和间接机制。直接机制为创新高度依赖相关知识（陆红英、董彦，2008），有学术背景的专业人士成为企业竞相追逐的对象。创新信号传递或创新咨询和“无形学院”的知识存量（沈艺峰、王夫乐、陈维，2016）直接促进企业创新绩效的提升。第一种间接机制是通过声望传递影响企业创新。企业聘请有学术背景的高管存在声望传递的动机（沈艺峰、王夫乐、陈维，2016）；而声望的传递带来企业在利益相关者中的声望提升、促进信任，从而推动企业创新。第二种间接机制基于权力按知识配置（党兴华、张巍，2009），学术资本的知识权力和专家权力提升了企业的网络权力，使企业具有更高的地位和资源信息的控制力，从而更容易获得稀缺资源作用于企业创新。

第五，学术资本和政府资本共同推动创新的作用机制。发达资本主义国家，如德国、法国、韩国、日本等，其经济发展无一不是在政府大力干预之下繁荣起来的（张军，2006）；而在经济转型时期，市场信息不对称、技术“外溢”博弈困境（张小蒂、李风华，2001）、资源配置的低效率等问题频发，导致企业对基础设施和环境的依赖程度较高（张军，2006），制度改善的需求更加迫切（于潇、王学龙，2015）；而政府资本有助于企业获得更多的外部融资便利和优惠（罗党论、唐清泉，2009）以及政府补贴等（李健、陈传明、孙俊华，2012），因此，政府在企业学术资本引导的企业创新行为中的引导至关重要。此外，在中国“官本位”根深蒂固的文化背景下（尉建文、赵延东，2011），“学本位”很难独立作用于企业的创新活动，因此，有效利用“官本位”才能有效促进“学本位”作用的有效发挥，这从制度和非制度层面资源配置的视角，结合“官本位”和“学本位”丰富了对于创新的现有研究成果。

基于本章结论，对企业实践提出3点建议：（1）重视知识对企业创新的推动作用。企业创新实践高度依赖知识（边燕杰、李煜，2001），而拥有学术权威地位的人员已成为企业竞相追逐的对象。企业聘任拥有学术背景的人员为企业高管，不仅可以架构企业通往“无形学院”的直通车，还为企业把握创新的趋势和发展提供咨询。因此，企业应该重视内部高管学术背景的比例，保证企业拥有创新所需的足够知识基础和智力支持。（2）关注企业网络关系中优势地位的获得。网络优势地位体现在对资源和信息的获取和控制力两个方面，拥有“声望”和“权力”的企业具有网络关系的控制力，不仅可保障自身资源的获取，还能控制资源和信息的流向，在企业之间创新合作中具有更大的主动权，因此，企业应该注重优势地位的获得和培养。（3）时刻关注政府政策指向。我国正处于经济转型时期，政府在资源配置中仍然拥有绝对的控制力；而“官本位”的文化背景（尉建文、赵延东，2011）也对资源的分配产生深远影响，因此，企业应该保证能获得准确的政府政策内涵，在掌握科技前沿和知识创新的核心能力的同时，时刻关注政策指向在政府导向下实施创新才能做到事半功倍（尉建文、赵延东，2011）。

高管海外资本、网络优势位置与企业创新

7.1　相关研究概述

在创新时代，创新能力已经成为企业的重要资产或潜在能力（Huang，2011）。创新需要大量的资源投入，社会资本可能通过创新扩散（Abrahamson and Rosenkopf，1997；Cho，Hwang and Lee，2012）、协作网络（Ahuja，2000）、信任等影响创新过程。在中国经济转型的关键时期，企业将更加得益于重要的社会资本，以弥补市场支持制度的缺失（Peng and Heath，1996）。经济转型时期的一个典型特征是较大的不确定性（Walder，1989；Walder，1991），这促使企业寻求非正式制度来支持组织目标的实现。作为资源基础观的一种延伸，

关系基础观认为，竞争优势不仅来自企业所拥有的资源，也来自嵌入式网络和二元关系（Lane and Lubatkin，1998；Dyer and Singh，1998）。

社会资本对企业创新有至关重要的作用（Subramaniam and Yound，2005），基于社会资本理论，内部和外部的网络关系都可能为网络行动者提供价值和提供获取嵌入外部关系中资源的机会（Li，Lin and Huang，2014）。Peng 和 Luo（2000）的研究证明管理连接所嵌入的外部社会环境是极其重要的，高管团队能够通过工作经历与其他公司或政府机构的行动者产生人际联系（Li，Lin and Huang，2014），故高管团队的社会资本将成为企业的关系资产（Lin，Cook and Burt，2001）；同时，更加中心的网络位置使企业更容易获得有用和必要的资源，进而减少环境的不确定性和交易成本（Li，Tian and Yan，2013）。

公司和社会中的其他行动者一样，都嵌入在经济和社会关系网络中（Uzzi，1996；Granovetter，1985）。我们与“公司与其他行动者一同嵌入在社会网络中”这一观点保持一致（Granovetter，1985；Uzzi，1996；Burt，1992；Gulati，Nohria and Zaheer，2000；Rowley，Behrens and Krackhardt，2000）。企业网络可被视为企业获取组织外部资源和能力（如资本、服务、商品和创新）的特殊途径，而网络本身也可被视为资源（Andersson，Forsgren and Holm，2002）。由于资源获取路径的特殊性和难以模仿性，通过网络获得的资源具有相对的不可替代性和不可模仿性（Gulati，1999；Gulati，Nohria and Zaheer，2000），这为我们探索微观社会资本与宏观企业创新之间的联系提供了极好的土壤（Luo and Chen，1997；Peng，2000）。

社会资本是创新的基本推动因素（Fountain，1997），但现有研究尚未对社会网络嵌入性视角下高管团队社会资本通过网络位置影响企业创新的转换机制产生足够的关注。通过构建基于关系的海外资本、银行资本和优势网络位置，企业可以撬动高管团队的社会资本实现创新。本章对多层次的关注可以加深我们对个体、群体、组织和网络层次扩散过程的理解。

资源依赖理论认为，资源的质量和数量是分布不均的（Barney，1991），作为资源依赖理论的延伸，我们将资源获取的边界扩大到行动者所嵌入的社会网络（Inkpen and Tsang，2005）。基于Nonaka（1994）提出的动态理论——作为创新相关理论的另一延伸——我们将创新的“输入—过程—输出”和“在不确定环境下处理信息和决策的效率”，通过微观和宏观连接在一起，拓展到关系层面。总的来说，基于Peng和Heath（1996），Luo和Chen（1997），Peng（2000）使用定量数据分析经济转型期效益的相关研究，我们将微观层面的高管团队社会资本（海外社会资本和银行社会资本）和宏观层面的企业网络位置（权力和声望）联系起来，共同预测企业创新。本章主要关注以下两个问题：（1）“是什么在沿着连接流动”（Stinchcombe，1990）；（2）基于现有研究对关注组织层面的影响的呼吁，探索微观—宏观连接的不同效果机制。

7.1.1　微观和宏观社会资本

自20世纪70年代起，从社会网络角度对管理问题进行的研究逐渐涌现，但研究中对社会资本的定义并不一致（Bourdieu，1986；Coleman and James，1990；Lin，2001）。一些学者认为，社会资本是个人资产（Portes，1998），而另一些学者认为，社会资本是个人及其社会关系的资产（Coleman and James，1990），其他研究者则认为，社会资本应该归属于群体（Bourdieu and Wacquant，1992），另外的学者则持社会资本属于群体、政治团体、社区和国家（Putnam, Leonardi and Nanetti, 1993）的观点。

社会资本和社会网络领域的研究者指出，资源可以从嵌入在个人、群体和国家相互关联的社会网络中获得（Bolino and Turnley, 2002; Inkpen and Tsang, 2005）。换句话说，人们可以通过社会互动和与他人的联系，在个人、群体和组织层面获得有形和无形资源。由于资源对业务成功和创新起关键作用，开发和管理组织间网络关系的能力已经成为企业的核心竞争力（Marius, Gilbert and Michae, 2006）。

7.1.2 高管团队社会资本

根据高层梯队理论的相关研究，组织内部强大行动者的价值观和认知水平将影响组织的结果（Hambrick and Mason, 1984）。作为高层梯队观点的延伸，社会资本指网络关系的结果，这种网络关系可以描述为一个群体内部的特征，如连接、规范、信任和为普遍利益而合作（Tasi and Ghoshal, 1998）。以往的研究表明，最高层级的外部关系包含两个维度，一是与企业、行业内外其他公司的管理者的联系（Geletkanycz and Hambrick, 1997），二是与金融机构、官员和政界的联系（Peng and Luo, 2000）。

Geletkanycz 和 Hambrick（1997）的研究表明，企业网络中高层管理者关系的不同方面会带来不同的利益（如资源或信息），这可能会带来创新的多样化产出（Paananen, 2009）和灵活的创新管理（Li, Lin and Huang, 2014）。高管团队社会资本的社交网络可以看作关系中包含的一组资产（Lin, Cook and Burt, 2001）。Nahapiet 和 Ghoshal（2000）的研究开发了一个框架来论证社会资本对显性知识、隐性知识和知识资本产生的影响（Janine and Sumantra, 2000）。在以往研究的基础上，我们关注高管团队的特征，包括职能背景（Shipilov and Danis, 2006）、教育或任期背景、团队内互动、团队内部多样化、人口统计学特征等（Hambrick and Aveni，1992；Michel and Hambrick，1992；Johnson and Phyllis，1998；Smith et al.，1994；Shipilov and Danis，2006）。本章关注高管团队海外社会资本和银行社会资本作为微观社会资本所产生的作用。

7.1.3　组织网络位置

企业的网络位置，尤其是中心位置和优势位置，可以通过影响企业获取异质性知识、对市场机会的识别和回应对创新产生影响（Tsai，2001）。不同的网络位置代表着行动者获取新知识的不同能力和机会；而这种能力和机会对于改进新产品和创新想法是重要的。本章从宏观的企业层面而非微观的个体层面对声望和权力进行定义，即企业基于其网络位置而在社会网络中获得的声望和权力。在社会分层的相关研究中，声望、权力和财富是不同的社会资源（Lin，2001），声望和权力并不相互依赖（尉建文、赵延东，2011）。一般来说，声望是指个人在社会中获得的认可和评价，是个人地位的象征（Lin，2009）。根据社会分层的相关研究，个人的阶级、职业、地位的差异会影响个体的声望，即一个人所占据的网络位置越好，他产生的影响力就越大。现有研究用中心度来衡量企业的声望，与个人层面的研究相似，声望的获得取决于公司在网络中的位置。

社会网络和网络所带来的资源将带来个体和组织在社会中权力位置的差异，这逐渐形成了不同的权力分配格局（Putnam，1995）。随着时间的推移，网络将被具有明显优势的核心企业所主导，网络控制力是由其网络位置所赋予的结构力（Powell，Koput and White et al.，2005）。由此可见，企业所获得的能够影响或控制其他企业的权力取决于企业的网络位置。声望主要是由社会认可产生的，不一定与社会资源相联系，权力与资源的联系则更为紧密。但声望高的企业，能够在网络维护上获得更高水平的信任，并比声望低的企业获得更多的合作意愿。

7.2 文献回顾与研究假设

7.2.1 高管团队海外社会资本和创新

社会资本对创新的作用是一个相对较新的研究课题，大多数相关实证研究表明，社会资本对组织的创新有积极影响（Rejean, Nabil and Moktar, 2002），而高管团队是影响企业经营的关键因素，其社会资本也因此对企业创新具有重要意义。高管团队社会资本可以分为内部社会资本和外部社会资本，内部社会资本是指高管团队成员之间的共享价值观，外部社会资本是高管团队与其他社会成员或组织的连接。已有研究表明，企业社会资本不仅可以使企业获得异质性信息和资源，而且可以促进企业与社会网络中的利益相关者建立行为规范、沟通模式和相互信任的平台，因此，企业的社会资本能够推动商业模式创新（Jing, Zhao, Ming et al., 2014）。在中国传统文化和经济转型的背景下，不同维度的社会网络对企业成长将产生多方面的积极影响（Qian, Xu and Li, 2010），本章主要关注高管团队的外部社会资本。

企业的创新高度依赖于知识（Clive, 2009），故企业对内部技术和知识的要求较高。具有海外工作经历的管理人员具有良好的专业背景和国际化视野，能够在产业和技术进步中发挥主导作用（Arnaud, Glachant and Meniere, 2011）。海外经历使他们接触到全球的尖端技术，熟悉未来的发展和创新方向；与此同时，他们与专业领域的国际人才建立了强连接和弱连接。因此，高层管理团队的海外社会资本作为一种外部社会资本，能够通过两种方式为企业提供支持。一方面，高管团队的海外社会资本为企业提供了丰富的知识和信息基础，特别是引导企业发展和创新方向的信息；另一方面，高管团队的海外社会资本可以为企业提供技术资源，如通过网络连接引进先进技术等。

综上所述，具有海外背景的高管不仅为企业提供了相应的知识和技术支持，还为创新提供了具体的方向性指导，传递了创新信号。通过以上两种方式，高管团队的海外社会资本能够对创新产生积极作用，促进企业创新绩效的提高。基于此提出假设1：

假设1：高管团队海外社会资本与创新正相关。

7.2.2　高管团队海外社会资本与企业网络位置

有研究表明，教育和收入是决定个人声望的两个至关重要的因素。而相比收入的影响，在中国，教育对声望的影响更为可观（Li，2005），即拥有知识资本的专业团队将具有更高的声望。基于此，有海外工作经验的高管往往在相关领域拥有更多的信息和知识，视野更开阔，也因此具有更高的声望。

根据信号理论，企业聘用具有海外背景的高管将传递高声望的信号，企业在与利益相关者接触的过程中，能够通过聘用具有海外背景的高管而获得声望。企业的声望影响着利益相关者对企业的判断，企业的声望越高，越能得到利益相关者的支持和沟通（Levin，Meyer and Scott，1985），也越容易获得市场上的合法地位和来自利益相关者的合法性。因此，通过高管海外背景所带来的较高的声望，企业可以从利益相关者处获得更高的声望和更强的合法性，为进一步的网络声望提供有利条件。综上所述，高管的海外社会资本能够通过声望的传递，给予企业更加优势的网络地位，并因此对企业社会资本产生传递作用。基于此，我们提出：

假设 2a：高管团队海外社会资本与企业网络声望正相关。

企业可以通过自身的知识资源在创新网络中获得知识权力（Hjh and Hassan，2008），并对网络中其他企业的行为产生影响（Rajan，Raghuram and Zingales，1997）。企业聘用具有海外工作经历的高管，不仅可以获得相关的最新技术信息和知识，也进而对创新的不同方面产生洞见。当高管具有较高的专业知识水平时，知识权力传递给企业，使企业获得更高的创新绩效。此外，高管人员的信息和知识是不断更新的，由于具有海外工作经历的高管与全球网络的连接，他们接收各种各样的信息，避免认知僵化。

同时，拥有海外社会资本的企业高管能够通过与国外技术人员的紧密联系为企业提供技术资源，如引进先进技术等。因此，聘用具有海外社会资本的高管的企业，通过知识权力的传递和信息技术资源的获取，可以在社会网络中获得更大的话语权、更高的地位和更优越的网络权力。这进一步加强了企业对网络资源和信息的控制能力，赋予了企业优势的网络地位。因此，高管的海外社会资本可以提升企业的权力。综上所述，我们提出以下假设：

假设 2b：高管团队海外社会资本与企业网络权力正相关。

7.2.3 网络位置的中介作用

企业之间的竞争方式已经发生了变革性的变化，从单纯的竞争到竞争与合作并存，企业之间的网络连接逐渐形成。一般来说，企业本身并不拥有发展和创新所需的全部资源，故创新依赖于企业基于社会网络的合作。产业的技术发展前景和需求变化决定了创新的方向；而获取资源和信息的能力取决于企业的网络位置（Coleman，2000）。嵌入在网络中的信息交换以及与其他企业的关系，可以帮助企业获取研发和战略信息，从而使其获得创新机会（Granovetter，1985）。因此，越靠近网络中心，企业通过网络获得的信息就越多，对创新越能产生积极影响。较高的声望和权力对于企业来说意味着良好的网络位置，企业更靠近网络中心，即企业在声望和权力较高时能够吸收和控制创新相关的外部资源。

声望是稀缺资源，在社会网络中呈现不均匀分布。在个体层面上，能够在社会网络中获得更多积极选择的个体拥有更高的威望（Lin，2009），即一个人的威望反映了这个人的受欢迎程度。我们将组织层面的合作定义为企业与其他企业合作的主动意愿。信任是社会资本的一个重要维度（Putnam，2001），通常是人们选择合作者的一个因素。当企业具有较高的声望和可信度时，企业更有可能成为其他企业的积极合作伙伴。企业的可信度将对企业之间的资源交换产生积极影响（Tsai and Ghoshal，1998），信任还可以促进合作者之间的沟通，消除关系中的不确定性，进一步促进合作和创新的成功（Humphreys，Li and Chan，2001）。

当企业具有较高的声望时，将获得更高的可信度并成为其他企业的首选合作伙伴。基于相互之间的信任，企业间的合作将更加高效，创新将更加成功，因此，高管团队海外社会资本通过影响企业声望进而对企业创新产生重要影响。基于此，提出以下假设：

假设 3a：企业的网络声望在高管团队海外社会资本和企业创新的关系中起到中介作用。

企业在社会网络中的权力取决于其所处的网络位置。根据“结构洞”理论，网络位置包含“结构洞”的企业具有获取信息和控制利益的渠道（Burt，1997），相比其他企业，“结构洞”带来的位置优势使这些企业更能抓住实施控制的机会，从而获得更高的权力。根据资源基础观，企业的创新取决于企业从内部和外部获得的资源。所以，控制资源和信息的权力或能力是创新的关键。高管团队海外社会网络所构架和连接的资源或创新理念和技术可以转化为企业的创新实践。此外，企业在“结构洞”中所获得的位置权力越大，其获得的控制能力越高、多样化信息越多，通过对资源的高效利用和对高层资源的整合控制，高管团队的海外社会资本将与企业网络联系起来。因此，技术创新网络依赖于权力网络，企业拥有的权力越高，其所获得的信息和资源就越多。此外，企业的网络位置所包含的“结构洞”越多，其掌握的弱连接越多，流向企业的信息就越多。

这样，当企业的网络位置权力相对较高时，企业就可以获得更多对创新有用的信息，掌握更多与其他企业合作的机会。由于网络位置的优势，企业还可以影响甚至控制其他企业的行为（Burt，1992）。综上所述，我们提出：

假设3b：企业的网络权力在高管团队海外社会资本和企业创新的关系中起到中介作用。

7.2.4 高管团队银行社会资本的调节作用

具有高声望的企业将具有更具优势的网络位置，进而对组织创新具有正向影响（Zhu，Liu and Liu et al.，2017）。尽管网络位置带来了价值，使行动者获得更多的信任并得到网络连带中的资源（Li，Lin and Huang，2014），但创新也极具风险（Merton，2013）。创新过程的威胁之一是融资约束，根据资源基础理论，企业内部资源不能充分支撑企业的发展。资本市场的不完善会导致融资约束（Hottenrott and Peters，2009），因此，在中国现阶段不完善的资本市场制度环境下，获得来自银行的支持尤为重要。高管团队银行社会资本作为突破资金瓶颈的捷径，自然成为弥补资本市场缺陷的途径之一，这使企业能够更好地解决融资约束问题。薪酬和激励能够提高高管团队整合程度，并促使他们使用银行社会资本，这对企业的人力资源管理、加快创新过程的速度、降低从企业声望到创新实践的资本链断裂风险起着至关重要的作用。综上所述，我们提出：

假设 4a：高管团队银行社会资本对企业网络声望和创新的关系起到调节作用。

资本的本质是追求增值。马克思曾说过，“运动，在它增加剩余价值的过程中，是它的运动，它的扩张，因此是自动的扩张”（Marx，1887）。虽然组织权力可以促进各种资源渠道的获取和有效整合，但高管团队银行社会资本在创新过程中则代表了资本的方向和扩张。高管团队的银行社会资本可以帮助企业获得最新的资本盈余信息，可以通过市场经验和资本增值帮助企业选择相对正确的投资方向；同时，高管团队银行工作经历或高管团队银行社会资本将为企业高层管理决策提供投资选择，保证资金投入方向。综上所述，我们提出：

假设 4b：高管团队银行社会资本对企业网络权力和创新的关系起到调节作用。

7.3　研究设计与样本选择

7.3.1　研究样本

以中国 A 股上市公司为研究对象，获取高管团队社会资本的相关详细信息和企业创新的具体记录。根据中国证券市场与会计研究数据库（CSMAR）和上市公司年报，我们以 2008—2014 年上市公司作为研究对象。CSMAR 数据库提供了中国上市公司的基本背景和高管团队的人员信息，以上海证券交易所（www.

sse. com. cn)，深圳证券交易所（www. szse. cn)，以及上市公司的年报信息作为补充。本章利用国泰安数据库和上市公司的年报信息对连锁董事进行识别，构建 2008—2014 年上市公司连锁董事全网络。最后，在剔除孤立企业、金融企业和 ST、ZT 的企业后，我们共得到 1476 家样本企业和 5130 个企业研究样本。所有变量的具体描述见表 7－1。

表 7－1　　变量列表

变量	符号	变量名称	变量的定义
因变量	*INNOVATION*	企业的创新绩效	t＋2 年企业专利数量的自然对数
自变量	*OVERSEA_C*	高管团队海外社会资本	第 t 年高管团队中拥有海外背景的高管人员数量
中介变量	*POWER*	网络权力	第 t＋1 年企业社会网络中包含的“结构洞”
	PRESTIGE	网络声望	第 t＋1 年企业的网络中心度
调节变量	*BANK_C*	高管团队银行社会资本	第 t 年高管团队中拥有投行工作经历的高管人员数量
控制变量	*INNOVATION_I*	创新投入	第 t 年企业创新投入的自然对数
	SCALE	企业规模	第 t 年企业员工数量的自然对数
	AGE	企业成立年限	第 t 年企业的成立年限
	SOE	实际控制人性质	哑变量，国有企业赋值 1，其他赋值 0
	DUAL	两权合一	哑变量，第 t 年当高管人员任董事会主席则赋值 1，否则赋值 0
	BOARD	董事会规模	第 t 年企业的董事会人员数量
	IND	行业	哑变量，参照 2001 年证监会行业分类设立
	YEAR	年份	数据收集年份

当一个公司的一名董事加入另一个公司的董事会时，即认为两个公司之间存在连锁董事（Burt，1980；Mizruchi，1996）。连锁董事是管理环境不确定性、获取多样化资源和跨公司沟通的一种方式（Pfeffer and Salancik，1978）。连锁董事人数众多的一个原因是，这种连接是跨公司沟通的低成本渠道（Haunschild，1993）。此外，进一步研究发现，连锁董事可以被视为“传播思想和创新的渠道”（Galaskiewicz and Wasserman，1989）。因此，在本章中，我们采用连锁董事来构建上市公司网络。

7.3.2　变量测量

创新。根据 Yu 和 Liu（2013）的方法，我们使用 WIND 数据库中的专利数据。3 种专利（发明专利、实用新型专利和外观设计专利）根据0.5，0.3，0.2 的比率计算总数，然后通过对数转换获得创新总能力指数。同时，我们也使用 3 种专利的简单总和，代替创新总能力指数进行稳健性检验。

（1）声望。度中心性、接近中心性和地位中心性是 3 种声望评价的方式，根据 Ma 和 Li（2011）和朱丽、柳卸林、刘超等人（2017）的方法，我们使用度中心性作为特定行动者与其他行动者之间关系的度量。我们使用 UCINET6.0 软件直接测量企业的连接，代表企业的声望。计算方法如下：

$$PER = \sum_{i=1}^{n} a(p_i, p_k) \tag{1}$$

如果两家企业之间存在连锁董事，则认为两家企业之间有连接，此时 $a(p_i,p_k)=1$，否则 $a(p_i,p_k)=0$。

（2）权力。松散网络中的“结构洞”会给企业带来控制优势（Burt，1992）。Burt（1992）强调“即使‘桥梁’很弱，企业家网络中的‘结构洞’也具有经济利益”（Coulon，2005）。

企业的社会网络位置所包含的“结构洞”越多，其在网络中的控制和桥梁作用就越大，由于周围其他企业对其的依赖而产生权力。使用 UCINET6.0 软件，我们通过有效规模来测量权力，有效规模即参与者的网络大小减去网络中的冗余（Zhu et al.，2017）。计算方法如下：

$$PWR = \sum_{i} (1 - \sum_{q} P_{iq} m_{jq}), \ q \neq i, \ j \tag{2}$$

有效规模越大，企业拥有的控制权力越强。j 代表所有与焦点行动者所连接的行动者，q 代表除行动者 i 之外的第三行动者，$P_{iq}m_{jq}$代表焦点行动者和行动者 j 之间的冗余，m_{jq}是行动者 j 和 q 之间的关系强度，m_{jq}等于 j 和 q 的关系除以 j 和其他行动者关系的最大值。$P_{iq}m_{jq}$表示行动者 i 和 j 之间的关系除以 i 和其他行动者的关系。

7.4 回归分析与假设检验

所有变量的描述性统计信息以及相关性见表 7－1。我们使用分层多元回归进行假设检验。

在检验分析中，我们将企业的创新投入作为控制变量，以排除资金投入对创新的影响；同时，我们将企业规模和成立年限、董事会规模、实际控制人性质作为控制变量，以排除企业层面的影响。此外，我们还控制数据采集的行业和年份。回归中的所有变量如表 7－2 所示。我们估计了 VIFs（方差膨胀因子）来进行共线性检验，所有变量的 VIFs 都小于 6，低于定义的上限 10（Kleinbaum，Kupper and Muller，1988）。

表 7－2　　　　　　　　　　相关分析

	INNOVATION	*OVERSEA_C*	*PRESTIGE*	*POWER*	*BANK_C*
INNOVATION	1				
OVERSEA_C	0.167***	1			
PRESTIGE	0.126***	0.194***	1		
POWER	0.097***	0.175***	0.951***	1	
BANK_C	0.136***	0.044***	0.0120	0.00800	1
均值	107.680	17.505	5.465	4.017	0.028
标准差	256.382	4.314	3.074	2.578	0.164

注：* $p<0.10$，** $p<0.05$，*** $p<0.01$。

根据表 7－3 第二列 M2，在控制创新投入、企业规模、成立年限、董事会规模、实际控制人性质、行业和年份等变量后，我们得出海外社会资本与创新呈正相关（$\beta=1.30$，$p<0.01$）。因此，假设 1 得到充分支持。第三列 M3 和第四列 M4 的结果显示声望（$\beta=0.034$，$p<0.05$）和权力（$\beta=0.026$，$p<0.05$）与海外社会资本呈正相关，支持假设 2a 和假设 2b。假设 1 和假设 2 对中介成立的条件（a）和条件（b）形成了支持。

假设 3 提出，声望和权力在海外社会资本与创新的关系中起中介作用。根据 Baron 和 Kenny（1986）的研究，中介的成立本质上须满足有 4 个条件：（1）自变量和中介变量之间存在较大的相关性；（2）自变量和因变量显著相关；（3）中介与因变量显著相关；（4）考虑中介时，自变量与因变量之间的关系不显著或较弱。第七列 M7 和第八列 M8 的结果显示声望（$\beta=0.902$，$p<0.05$）和权力（$\beta=1.683$，$p<0.01$）与创新呈正相关，支持中介成立的条件（c）。进一步来看，在考虑声望和权力后，海外社会资本与创新的关系虽有所减弱，但仍显

表 7－3　　高管团队社会资本，企业网络位置和创新

	M1	M2	M3	M4	M5	M6	M7	M8	M9	M10	M11	M12
	INNOVATION	*INNOVATION*	*PRESTIGE*	*POWER*	*INNOVATION*	*INNOVATION*	*INNOVATION*	*INNOVATION*	*INNOVATION*	*INNOVATION*	*INNOVATION*	*INNOVATION*
OVERSEA_C		1.300 *** -3.19	0.034 ** -2.57	0.026 ** -2.31	1.270 *** -3.11	1.258 *** -3.09					1.246 *** -3.11	1.226 *** -3.08
PRESTIGE					0.853 ** -2.2		0.902 ** -2.33		0.907 ** -2.38		0.859 ** -2.26	
POWER						1.631 *** -3.5		1.683 *** -3.61		1.642 *** -3.62		1.591 *** -3.51
BANK_C									50.270 *** -4.17	49.117 *** -4.28	50.038 *** -4.13	48.892 *** -4.25
PRESTIGE × *BANK_C*									17.130 *** -3.32		17.127 *** -3.3	
POWER × *BANK_C*										23.185 *** -3.76		23.162 *** -3.73
SOE	-27.461 *** (-3.82)	-30.446 *** (-4.11)	-0.848 *** (-2.88)	-0.404 (-1.64)	-29.722 *** (-4.01)	-29.786 *** (-4.02)	-26.767 *** (-3.73)	-26.880 *** (-3.75)	-24.580 *** (-3.45)	-24.835 *** (-3.49)	-27.483 *** (-3.73)	-27.674 *** (-3.77)
SCALE	19.319 *** -13.93	18.172 *** -13.2	0.150 *** -3.04	0.148 *** -3.59	18.044 *** -13.16	17.930 *** -13.13	19.157 *** -13.87	19.031 *** -13.83	18.490 *** -13.7	18.464 *** -13.73	17.402 *** -13.12	17.393 *** -13.16
AGE	-0.224 (-1.07)	-0.328 (-1.55)	0.007 -0.81	0.01 -1.36	-0.334 (-1.58)	-0.344 (-1.63)	-0.233 (-1.12)	-0.245 (-1.18)	-0.236 (-1.19)	-0.256 (-1.30)	-0.335 * (-1.65)	-0.354 * (-1.76)

续表

	M1	M2	M3	M4	M5	M6	M7	M8	M9	M10	M11	M12
	INNOVATION	*INNOVATION*	*PRESTIGE*	*POWER*	*INNOVATION*	*INNOVATION*	*INNOVATION*	*INNOVATION*	*INNOVATION*	*INNOVATION*	*INNOVATION*	*INNOVATION*
DUAL	9.954 ***	11.183 ***	-0.082	-0.03	11.252 ***	11.232 ***	10.057 ***	10.045 ***	10.090 ***	10.200 ***	11.263 ***	11.357 ***
	-4.78	-5.22	(-0.86)	(-0.38)	-5.24	-5.24	-4.81	-4.82	-4.94	-5.03	-5.31	-5.39
BOARD	1.989 **	0.476	0.217 ***	0.237 ***	0.291	0.09	1.757 *	1.540 *	1.657 *	1.452	0.219	0.038
	-2.11	-0.48	-6.55	-8.54	-0.3	-0.09	-1.92	-1.7	-1.8	-1.59	-0.23	-0.04
INNOVATION_1	14.049 ***	13.976 ***	0.237 ***	0.203 ***	13.773 ***	13.645 ***	13.834 ***	13.705 ***	13.565 ***	13.387 ***	13.507 ***	13.330 ***
	-13.36	-13.37	-6.59	-6.88	-13.09	-13.06	-13.07	-13.05	-12.91	-12.86	-12.93	-12.88
YEAR	Y	Y	Y	Y	Y	Y	Y	Y	Y	Y	Y	Y
INDU	Y	Y	Y	Y	Y	Y	Y	Y	Y	Y	Y	Y
CONS	-378.240 ***	-376.795 ***	-2.476 ***	-3.558 ***	-374.682 ***	-370.993 ***	-375.973 ***	-372.206 ***	-365.729 ***	-361.669 ***	-364.510 ***	-360.534 ***
	(-15.24)	(-15.29)	(-3.57)	(-6.19)	(-15.29)	(-15.28)	(-15.24)	(-15.23)	(-15.12)	(-15.10)	(-15.19)	(-15.16)
N	5130	5130	5130	5130	5130	5130	5130	5130	5130	5130	5130	5130
R^2	0.255	0.258	0.064	0.082	0.2[illegible]8	0.26	0.256	0.258	0.278	0.284	0.28	0.286
F	14.019	13.674	10.24	12.732	13.[illegible]76	13.304	13.581	13.61	13.493	13.725	13.224	13.453

注：* p<0.10，** p<0.05，*** p<0.01。

著，表明存在部分中介作用。综上所述，声望和权力在高管团队海外社会资本和创新之间起到部分中介作用，支持假设 3a 和假设 3b。

为验证有调节的中介（Muller，Judd，Yzerbyt，2005；Preacher，Rucker，Hayes，2007），我们考察了 4 个条件：（1）海外社会资本对创新的显著影响；（2）两个中介变量与银行社会资本的交互作用显著（例如，声望与银行社会资本的交互项能够显著预测创新）；（3）声望和权力对创新的重大影响；（4）声望和权力在银行社会资本的低水平和高水平上对创新的不同中介效应。最后一点是有调节的中介的本质，它表示了在调节变量的不同水平上，中介作用的强度是不同的（P Preacher，Rucker，Hayes，2007）。当在银行社会资本的低水平和高水平上，声望和权力对创新的影响存在差异时，则有调节的中介作用存在。假设 1 的结果表明，海外社会资本与创新显著相关，支持有调节的中介成立的条件（a）。

然后，我们考察了声望和权力与银行社会资本的交互作用，以检验有调节的中介成立的条件（b）。表 7－3 第 9 列 M9 和第 10 列 M10 的结果显示，银行社会资本与声望（$\beta = 17.130$，$p < 0.01$）和权力（$\beta = 23.185$，$p < 0.01$）的交互项对创新的预测效应显著。有调节的中介成立的条件（b）得到满足。有调节的中介成立的条件（c）得到第七列 M7 和第八列 M8 的支持。因此，高管团队的银行社会资本对声望与创新、权力与创新的关系起到调节作用。假设 4a 和假设 4b 得到支持。我们使用年份和行业作为控制变量，但为节省空间没有进行详细报告。进一步地，使用专利总和作为因变量，进行了稳健性检验，结果见表 7－4。稳健性检验中我们得到了与先前相同的结论。

本章的研究框架见图 7－1。

表 7-4 高管团队社会资本，企业网络位置和创新（稳健性检验）

	M1′	M2′	M3′	M4′	M5′	M6′	M7′	M8′	M9′	M10′	M11′	M12′
	INNOVATION	INNOVATION	PRESTIGE	POWER	INNOVATION	INNOVATION	INNOVATION	INNOVATION	INNOVATION	INNOVATION	INNOVATION	INNOVATION
OVERSEA_C		4.012 ***	0.034 **	0.026 **	3.917 ***	3.877 ***					3.835 ***	3.773 ***
		-3.08	-2.57	-2.31	-3	-2.97					-3	-2.97
PRESTIGE					2.773 **		2.923 **		2.946 **		2.798 **	
					-2.21		-2.34		-2.4		-2.28	
POWER						5.245 ***		5.405 ***		5.279 ***		5.122 ***
						-3.48		-3.58		-3.6		-3.5
BANK_C									167.168 ***	163.442 ***	166.455 ***	162.749 ***
									-4.18	-4.28	-4.15	-4.26
PRESTIGE × BANK_C									55.273 ***		55.265 ***	
									-3.24		-3.22	
POWER × BANK_C										74.876 ***		74.806 ***
										-3.7		-3.68
SOE	-95.800 ***	-105.012 ***	-0.848 ***	-0.404	-102.661 ***	-102.891 ***	-93.551 ***	-93.932 ***	-86.389 ***	-87.231 ***	-95.325 ***	-95.966 ***
	(-4.26)	(-4.53)	(-2.88)	(-1.64)	(-4.43)	(-4.45)	(-4.16)	(-4.18)	(-3.88)	(-3.92)	(-4.14)	(-4.18)
SCALE	62.793 ***	59.253 ***	0.150 ***	0.148 ***	58.838 ***	58.474 ***	62.267 ***	61.869 ***	60.066 ***	59.990 ***	56.716 ***	56.694 ***
	-14.1	-13.42	-3.04	-3.59	-13.39	-13.36	-14.06	-14.03	-13.89	-13.93	-13.35	-13.4
AGE	-0.803	-1.122	0.007	0.01	-1.143 *	-1.177 *	-0.832	-0.87	-0.838	-0.903	-1.143 *	-1.203 *
	(-1.18)	(-1.64)	-0.8	-1.36	(-1.67)	(-1.73)	(-1.23)	(-1.29)	(-1.30)	(-1.41)	(-1.74)	(-1.85)

续表

	M1′	M2′	M3′	M4′	M5′	M6′	M7′	M8′	M9′	M10′	M11′	M12′
	INNOVATION	*INNOVATION*	*PRESTIGE*	*POWER*	*INNOVATION*	*INNOVATION*	*INNOVATION*	*INNOVATION*	*INNOVATION*	*INNOVATION*	*INNOVATION*	*INNOVATION*
DUAL	34.828 ***	38.621 ***	-0.082	-0.03	38.848 ***	38.780 ***	35.161 ***	35.122 ***	35.248 ***	35.602 ***	38.860 ***	39.162 ***
	-5.14	-5.54	(-0.86)	(-0.38)	-5.56	-5.56	-5.17	-5.18	-5.31	-5.4	-5.64	-5.72
BOARD	6.315 **	1.646	0.217 ***	0.237 ***	1.045	0.405	5.564 *	4.875 *	5.240 *	4.589	0.814	0.24
	-2.09	-0.52	-6.55	-8.54	-0.34	-0.13	-1.89	-1.67	-1.77	-1.57	-0.26	-0.08
INNOVATION_I	42.429 ***	42.201 ***	0.237 ***	0.203 ***	41.544 ***	41.137 ***	41.731 ***	41.324 ***	40.817 ***	40.252 ***	40.641 ***	40.076 ***
	-12.65	-12.65	-6.59	-6.88	-12.4	-12.37	-12.39	-12.36	-12.21	-12.15	-12.23	-12.17
YEAR	Y	Y	Y	Y	Y	Y	Y	Y	Y	Y	Y	Y
INDU	Y	Y	Y	Y	Y	Y	Y	Y	Y	Y	Y	Y
CONS	-1.2e+03 ***	-1.2e+03 ***	-2.476 ***	-3.558 ***	-1.2e+03 ***	-1.1e+03 ***	-1.2e+03 ***	-1.2e+03 ***	-1.1e+03 ***	-1.1e+03 ***	-1.1e+03 ***	-1.1e+03 ***
	(-14.72)	(-14.77)	(-3.57)	(-6.19)	(-14.78)	(-14.77)	(-14.73)	(-14.72)	(-14.60)	(-14.58)	(-14.66)	(-14.64)
N	5130	5130	5130	5130	5130	5130	5130	5130	5130	5130	5130	5130
R^2	0.246	0.248	0.064	0.082	0.249	0.251	0.247	0.248	0.27	0.276	0.272	0.278
F	14.054	13.718	10.24	12.732	13.33	13.341	13.626	13.639	13.519	13.714	13.277	13.468

注：* $p<0.10$，** $p<0.05$，*** $p<0.01$。

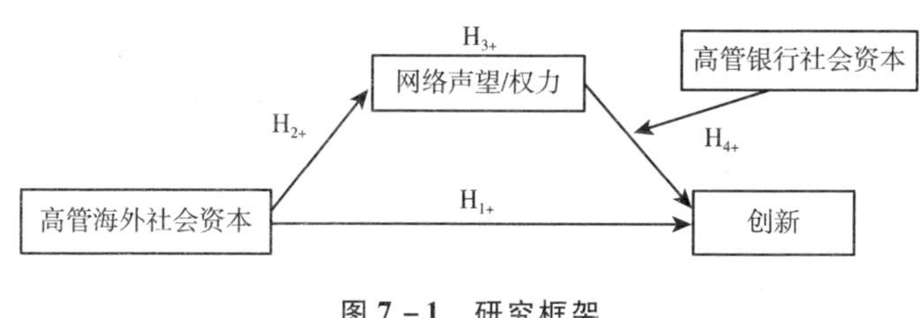

图7-1 研究框架

为了进一步验证有调节的中介作用，我们考察了条件（d）。我们对两个中介分别进行了条件（d）的检验。我们将银行社会资本的高低水平定义为平均值的上下一个标准差。

图7-2和图7-3的结果表明，不同水平的银行社会资本对声望与创新、权力与创新两对关系具有不同的调节作用。当高层管理团队的银行社会资本较低时，声望或权力对创新的影响相对较小。也就是说，当银行社会资本较低时，无论声望和权力如何，企业的创新都不那么活跃。当高层管理团队的银行社会资本较高时，声望和权力都成为创新的重要因素，对创新有很大的影响（Wu and Li，2014）。有调节的中介作用成立的条件（d）得到支持。

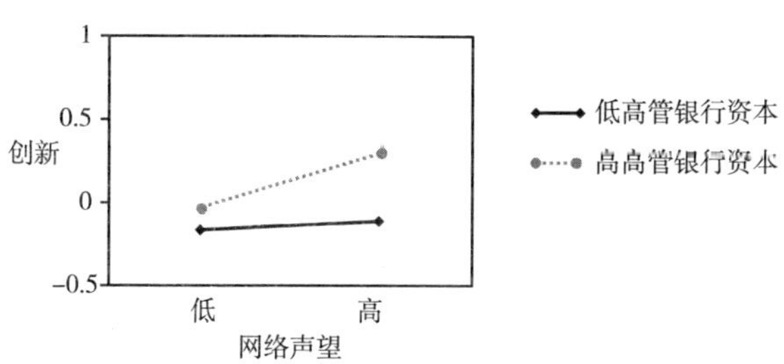

图7-2 高管团队银行社会资本对企业网络声望和创新关系的调节作用

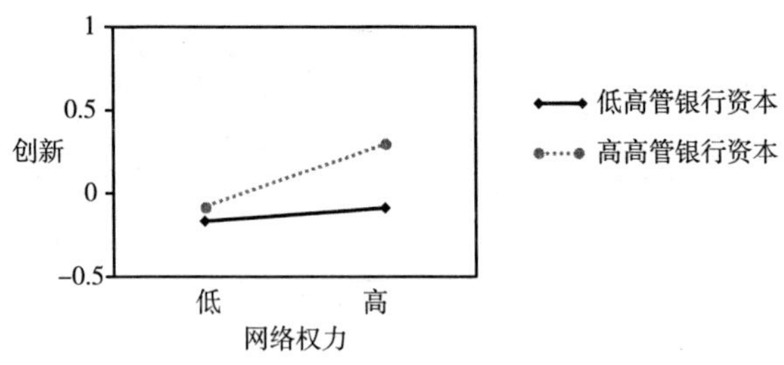

图 7-3　高管团队银行社会资本对企业网络权力和创新关系的调节作用

7.5　本章小结

社会资本是创新能力的基石（Subramaniam and Yound，2005），作为资源基础观的延伸，我们关注嵌入外部联系中的社会资本（Li，Lin and Huang，2014）。在本章中，我们得出高管团队海外社会资本能够积极影响企业创新。高管团队通过与国际人才建立联系，为国际精英和企业架起“桥梁”，在国际视野中结合国际前沿技术，探索企业未来的发展和创新方向。作为对现有研究结果的延伸，可以看出高管团队的社会资本可能是一系列的资本，我们进一步具体阐述了高管团队社会资本的“桥梁”和绑定效应。

在社会网络和关系中的嵌入性影响了企业的研发和创新机会（Granovetter，1985）。影响和控制与优势网络位置是相关的（Burt，1992），但以往的研究很少对宏观优势网络位置在微观社会资本向宏观组织层面的创新转化过程中的作用进行检验。本章的研究结果表明，组织的优势网络位置对微观层面的高管团队社会资本和宏观层面的组织创新具有中介作用。占有优势网络位置的企业，在沟通合作过程中有更高的声望和可信度，同时，来源于网络嵌入的权力，赋予企业高效利用、高资源整合和控制能力，将创新思想和技术联系在一起，搭建起社会资本和创新之间的“桥梁”。

本章还证明了企业网络位置与高管团队的银行社会资本的交互作用影响着企业的创新。这一发现有助于理解以往研究中所提及的重视声望和权力的综合效应，并提供了有效的量化手段。处于中心位置的行动者可以通过知识网络连接（Tsai，2001），促进企业应对环境的不确定性（Li，Tian and Yan，2013）。我们将资源和成本的成因延伸到微观层面的高管团队社会资本，将转型过程延伸到组织创新。资本和经验能够通过降低资本风险和资本链断裂的可能性，正向调节声望和创新之间的关系。同时，具有银行工作经验的高管熟悉资本性质和投资经验，这有助于企业保障资本的投入方向并提供投资选择。

综上所述，本章通过探讨企业的微观和宏观联系的本质，加深了我们对企业如何利用高管团队社会资本和企业网络位置来提高企业创新的理解。基于 5130 家上市公司的数据，我们的研究结果有助于理解微观和宏观社会资本在高管团队和组织层面的联合效应。研究表明，高管团队海外社会资本与企业创新之间存在正相关关系，企业网络位置部分为高管团队海外社会资本的创新提供了中介作用。此外，高管团队银行社会资本调节了企业网络位置与创新之间的关系。本章为理解高管团队微观社会资本、宏观网络位置与创新之间的关系提供了实证支持。通过提供高管团队社会资本的微观和宏观测度，对社会资本的两个维度进行检验，为创新研究的理论和实证发展作出了贡献。

第8章 研究结论与展望

8.1 研究结论

本书以我国A股上市公司全网络企业为研究对象，探讨高管内外社会资本协同对企业创新绩效的影响机制。高管内部社会资本从学术资本、海外资本、政府资本、银行资本等全方位探讨，与全网络中的企业网络权力、企业网络声望等外部社会资本相结合，探讨其对创新绩效的协同影响机制。本书旨在拓展高管社会资本的内外认定，以期为高管社会资本更高效地运用于企业创新绩效提供理论指导和经验借鉴。本书沿着该主题不断深入，得出研究结论如下：

首先，关于企业创新投入、高管团队多样性与企业创新，第3章研究得出如下结论：(1) 创新投入能够显著促进企业外部网络

"声望"和网络"权力"的获取；（2）企业创新投入将通过提高企业网络"声望"和网络"权力"进而对创新绩效产生积极影响；（3）高管团队多样性越高，企业创新投入对创新绩效的影响作用越强；（4）高管团队多样性越高，企业外部网络"声望"和网络"权力"对创新绩效的影响作用越强。

其次，关于高管异质性行业连接、网络权力与创新绩效，第4章研究结果表明：（1）异质性行业连接促进企业创新绩效的提升和企业网络"权力"的获得；（2）企业网络权力在异质性行业连接和创新绩效之间具有中介作用；（3）网络权力对异质性行业连接与企业创新绩效的中介效应的强弱，受到企业吸收能力水平高低的影响，即与低吸收能力相比，在高吸收能力水平下，网络"权力"对异质性行业连接与企业创新的中介作用更强。

再次，关于高管学术资本、高管连锁任职与企业创新，第5章研究结果表明：（1）高管学术资本对企业创新投入有显著的正向影响；（2）企业创新投入在高管学术资本和创新绩效之间起着中介作用；（3）高管连锁任职企业数量在高管学术资本与创新绩效之间起着正向调节作用；（4）高管连锁任职企业数量在创新投入和创新绩效之间起着正向调节作用；（5）高管连锁任职企业数量正向调节了创新投入对高管学术资本和创新绩效之间的中介作用。

接下来，关于高管政府资本、学术资本协同与企业创新，第6章研究结果显示：（1）高管学术资本对企业创新绩效具有积极影响；（2）高管学术资本有利于企业获取网络"声望"和"权力"；（3）企业网络"声望"和"权力"对创新绩效具有积极影响，且在高管学术资本和创新绩效之间具有部分中介作用；（4）相对于低政府资本，在高政府资本情况下，高管学术资本对企业网络"声望"和"权力"以及企业创新绩效关系有更显著的调节作用。

最后，关于高管海外资本、网络优势位置与企业创新，第7章研究发现：（1）高管团队海外社会资本对企业创新具有积极影响；（2）高管团队海外社会资本对企业的声望和权力（网络位置）具有显著的积极影响；（3）网络位置在高管团队海外社会资本和企业创新之间起中介作用；（4）高管团队银行社会资本在网络位置和企业创新之间起调节作用。

8.2 实践启示

本书通过将高管内外社会资本协同与企业层面的社会资本联系在一起对创新过程进行解释，延伸了资源基础理论在创新领域的研究。此外，我们尝试进行有意义的定量研究，以探讨“个体—组织”社会资本桥接和对于创新作用的内在机制。将高管团队社会资本与企业网络位置联系起来，以解释企业层面的优势网络能力，从而对高管团队层面的人力资源管理有着启发意义，具体根据研究结论分章节呈现实践启示。

第3章企业创新投入、高管团队多样性与企业创新研究，以我国A股上市公司2008—2013年全网络企业为研究对象，探讨企业内外部社会资本协同对企业创新投入创新绩效转化的协同机制，基于研究结论，对企业实践提出三点建议。首先，虽然企业内部创新投入是影响创新绩效的重要因素，但开放的观点和对外部资源的主动寻求，能够为企业创新提供更多的机会和支持。其次，同质化的高管团队成员可能在进行企业经营决策时，由于认知水平的相似性产生相似的观点，这将不利于企业的创新，因此，高管团队异质性值得关注。最后，关注企业在网络关系中优势地位的取得，更高的网络“声望”和“权力”将赋予企业更多的资源、更高的资源和信息控制力，能够增强企业在创新合作过程中的自主权。

第4章在高管异质行业连接、网络权力与创新能力研究中，运用资源依赖理论和“结构洞”理论，从结构性网络嵌入视角出发，在构建一个被调节的中介模型的基础上，探讨企业异质性行业连接和企业创新能力之间的关系，对企业实践具有如下研究意义。首先，为企业获得创新所需异质性资源提供渠道参考。创建跨行业连接可以为企业带来多样化资源，异质性网络可以推动创新，而通过聘任跨行业的人员进入企业董事会，是企业获得异质性行业资源服务于创新的便捷途径。其次，为企业提高企业间网络权力进行指引。网络权力体现了企业在网络中的重要性，是衡量企业在网络中的“控制力”和“影响力”的指标。而网络权力的获取通过企业进行异质性连接即可实现，即“跨界”。再次，为企业有效行使网络权力提供借鉴。企业在网络中的“关系”和“整合”能力，是企业的网络权力有效行使和稳固的重要方面，因此，企业应该通过对网络权力的“影响力”和“控制力”，来把握资源的“来源”，统筹分配资源的“流向”，确保自身资源“占有”良性循环。最后，为企业提高创新“转化”能力提供指导。网络中蕴涵丰富的资源，提出企业在网络关系中获取资源时，对资源的“价值”识别、“充分”消化，以及“有效”利用，在企业创新能力提升过程中，资源是否有效“转化”为创新能力至关重要。因此，企业在跨行业进行董事会成员选聘时，要重视董事会成员对于本行业和其他行业创新前沿的把控，以及能为企业带来的多样化资源，从而为企业提高异质性资源和网络权力向创新能力转化，提供智力支持。

第5章关于高管学术资本、高管连锁任职于企业创新的相关研究，基于社会资本和资源依赖理论，以我国 A 股上市公司 5 年全网络企业为研究对象，探讨高管学术资本对企业创新绩效的价值，以及在高管学术资本价值发挥过程中，内外社会资本的协同作用。该章对企业的管理实践具有如下启示：首先，高管学术资本能够为企业带来专家权力和声誉权力，企业应相信知识的力量，聘请具有一定专业知识和技能，或拥有学术影响力的外部董事加入董事会；其次，创新投入对于企业技术红利的获取，以及发展优势的形成至关重要，企业在提升创新绩效的过程中，需要尊重拥有学术资本的个体或组织，充分发挥学术资本的创新驱动作用，增强企业对创新的各类资源投入支持；最后，转型经济时期，制度因素不足导致连锁董事作为非制度补充，更有利于企业获取各种外部资源帮助企业发展，企业可以通过聘任其他上市企业董事或接受外部公司董事入职董事会，积极参与企业网络之中，寻求内外社会资本的协同效应。

第 6 章关于高管政府资本和学术资本协同与企业创新的研究，基于资源依赖和社会资本理论，运用 2008—2014 年中国上市公司全网络，研究高管学术资本、企业网络位置和创新能力之间的关系，基于研究结论企业实践提出三点建议：第一，重视知识对企业创新的推动作用。企业创新实践高度依赖知识，而拥有学术权威地位的人员已成为企业竞相追逐的对象。企业聘任拥有学术背景的人员为企业高管不仅可以架构企业通往“无形学院”的“桥梁”，还为企业把握创新的趋势和发展提供咨询。因此，企业应该重视内部高管学术背景的比例，保证企业拥有创新所需的足够知识基础和智力支持。第二，关注企业网络关系中优势地位的获得。网络优势地位体现在对资源和信息的获取和控制力两个方面，拥有“声望”和“权力”的企业具有网络关系的控制力，不仅可保障自身资源的获取，还能控制资源和信息的流向，在企业之间创新合作中具有更大的主动权，因此，企业应该注重优势地位的获得和培养。第三，时刻关注政府政策指向。我国正处于经济转型时期，政府在资源配置中仍然拥有绝对的控制力，而“官本位”的文化背景也对资源的分配产生深远影响，因此，企业应该保证能获得准确的政府政策内涵，在掌握科技前沿和知识创新核心能力的同时，时刻关注政策指向在政府导向下实施创新才能事半功倍。

第 7 章关于高管海外社会资本、网络位置与企业创新的研究，基于关系视角和社会资本理论考察微观高管社会资本与宏观企业创新之间的关系，对于实践有如下启示：首先，高管团队的社会资本可能是一系列的资本，我们进一步具体阐述了高管团队社会资本的绑定效应。企业应该充分运用高管团队与国际人才建立联系，为国际精英和企业架起“桥梁”，在国际视野中结合国际前沿技术，探索企业未来的发展和创新方向。其次，企业应该邀请知名高管加入获得网络优势位置。因为占有优势网络位置的企业，在沟通合作过程中有更高的声望和可信度，同时，来源于网络嵌入的权力，赋予企业高效利用、高资源整合和控制能力，将创新思想和技术联系在一起，搭建起社会资本和创新之间的“桥梁”。再次，企业应更加重视高管团队社会资本，以更高效、低成本地获取企业创新所需的宝贵资源。此外，应建立合适的薪酬激励机制，从微观和宏观两个层面深层挖掘和有效利用现有社会资本的“纽带”和“桥梁”作用。

8.3　现有研究的局限性

当前管理学界对社会资本“宏观—微观”的理论研究和实

证研究都还比较缺乏，高管社会资本作用于创新的精准衡量尚须深入研究。本书对高管内外社会资本作用于企业创新的初探，在一定程度上丰富了高管内外社会资本、网络优势位置和企业创新之间作用机制的研究，但仍存在以下局限性：

首先，虽然本书的发现可以推广到中国整个连锁董事网络中的上市公司，但我们不能确定结论是否可以推广到孤立的行动者（上市公司）和非上市公司。相较于本书的样本企业，与其他公司没有连接的孤立公司是完全不同的，因为孤立公司在整个连锁董事网络中没有任何印记。非上市公司则处于完全不同的经营管理环境中。由于数据获取的局限性，我们的实证分析并没有系统地包含所有类型的企业，但这并不影响结论的参考意义。未来研究者可以通过研究不同的样本和测量方法来构建上市公司网络。

其次，基于连锁董事构建企业的网络关系，虽然可以通过直接和间接两种方式促进企业创新，但该网络并不是以创新为直接目的而构建的，未来研究可拓展到企业的创新网络、企业战略联盟网络等内涵，探索通过高管构建的其他类型的企业间关系网络对创新的影响。除了连锁董事网络关系外，企业高管之间的其他非正式关系（如亲属关系、朋友关系、政治关联等）也会影响企业社会网络的形成，由于变量测量的难度和上市公司相关信息披露的不完整性，可以作为进一步深入拓展的研究方向。

再次，行业特定的情景和需求，使得创新在不同行业之间具有较大差异，因此，本书将细化到具体行业领域内部，进行企业网络关系和创新绩效的研究。如异质性行业连接是以企业的跨行业连接数量来衡量的，虽然能在一定程度上反映企业连接关系的差异程度，但是却没有对不同行业企业的行业差异程度进行深入区分，后续研究可以对此进行拓展；且不同行业内的创新现状差异巨大，未来可以考虑针对不同行业进行深入研究，探索高管内外社会资本在不同行业领域内的作用，以及具有行业特性的高管内外社会资本作用于创新的协同效应机制。

8.4　研究的未来展望

本书通过构建中国上市公司全网络，研究“高管内外社会资本—企业创新绩效”和“高管内外社会资本—企业社会资本—企业创新绩效”，进行个人社会资本向企业创新绩效转化机制的逐层拓展，为高管层面促进企业创新的相关研究提供了理论依据和实践参考，未来可以从以下几个方面进行深入拓展。

首先，我们并没有探索企业创新对高管团队社会资本的潜在影响，例如，具有光明前景和高创新绩效企业可能会吸引管理精英进入高管团队。基于因果关系固有的模糊性，结合社会资本和交易成本理论（Williamson，1985），未来可以通过识别和厘清高管团队社会资本增长的起源，在一定程度上帮助解决这一问题。其次，本书仅就高管中的个体社会资本进行了衡量，忽略了高管层次以外的个体，虽涵盖了公司中个人层面的重要社会资本，但仍有一定程度的遗漏，未来研究可就此进行对比和补充。再次，高管社会资本的动态演化如何高效作用于企业创新，是企业实践面临的客观挑战，值得未来研究的长期跟踪和拓展。最后，本书仅讨论单一网络构建的企业间关系，未来多层次人员构建的多重网络关系的同时引入，将会为企业创新带来崭新的发展机遇。

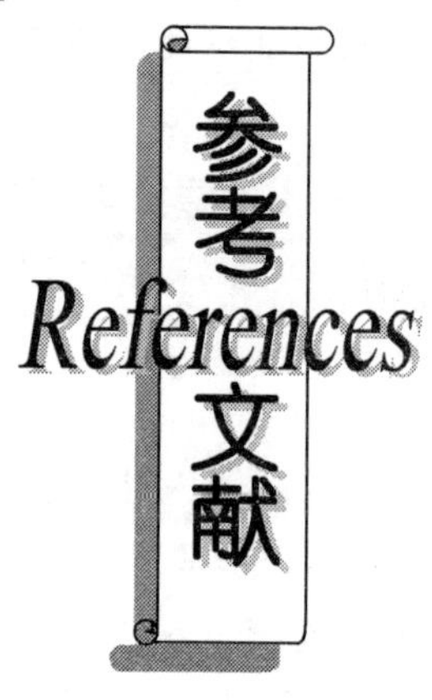

[1] 白俊红．考虑环境因素的区域创新效率研究——基于三阶段 DEA 方法［J］．财贸经济，2011（10）：104－112.

[2] 边燕杰，李煜．中国城市家庭的社会网络资本［J］．清华社会学评论，2001（2）：1－18.

[3] 边燕杰，丘海雄．企业的社会资本及其功效［J］．中国社会科学，2000，2（2）：87－99.

[4] 蔡禾，赵钊卿．社会分层研究：职业声望评价与职业价值［J］．管理世界，1995（4）：191－196.

[5] 曾萍，邓腾智，宋铁波．社会资本、动态能力与企业创新关系的实证研究［J］．科研管理，2013，34（4）：50－59.

[6] 陈春花，朱丽，宋继文．学者价值何在？高管学术资本对创新绩效的影响研究［J］．经济管理，2018，40（10）：92－105.

[7] 陈春花，动荡时代的正道：不是新理论，而是经典理论

[J]. 清华管理评论, 2018, 60 (4): 64 -67.

[8] 陈怀超, 范建红, 牛冲槐. 基于制度距离的中国跨国公司进入战略选择: 合资还是独资? [J]. 管理评论, 2013, 25 (12): 98 -111.

[9] 陈劲, 李飞宇. 社会资本: 对技术创新的社会学诠释 [J]. 科学学研究, 2001, 19 (3): 102 -107.

[10] 陈璐, 杨百寅, 井润田, 等. 高层管理团队内部社会资本、团队冲突和决策效果的关系——研究综述与理论分析框架 [J]. 南开管理评论, 2009, 12 (6): 42 -50.

[11] 陈仕华. 连锁董事, 公司治理与企业绩效 [M]. 大连: 东北财经大学出版社, 2012.

[12] 陈运森. 董事网络与独立董事治理 [M]. 北京: 经济科学出版社, 2013.

[13] 程聪, 谢洪明, 陈盈, 等. 网络关系、内外部社会资本与技术创新关系研究 [J]. 科研管理, 2013, 34 (11): 1 -8.

[14] 戴万亮, 张慧颖, 金彦龙. 内部社会资本对产品创新的影响——知识螺旋的中介效应 [J]. 科学学研究, 2012, 30 (8): 1263 -1271.

[15] 单明辉, 牛尔力, 陈君. 基于声望的信任管理研究综述 [J]. 网络新媒体技术, 2008, 29 (11): 7 -13.

[16] 党兴华, 张巍. 技术创新网络中企业网络权力与网络能力关联性研究 [C]. 第四届 (2009) 中国管理学年会——技术与创新管理分会场论文集, 2009.

[17] 段海艳, 仲伟周. 企业连锁董事影响因素的实证研究: 基于我国上海地区上市公司的经验分析 [J]. 科学学与科学技术管理, 2008 (8): 156 -161.

[18] 范建红, 陈怀超. 董事会社会资本对企业研发投入的

影响研究——董事会权力的调节效应 [J]. 研究与发展管理, 2015, 27 (5): 22 - 33.

[19] 费孝通. 乡土中国 [M]. 北京：北京大学出版社, 1998.

[20] 高太山, 柳卸林. 企业国际研发联盟是否有助于突破性创新? [J]. 科研管理, 2016, 37 (1): 48 - 57.

[21] 古家军, 胡蓓. TMT 知识结构、职业背景的异质性与企业技术创新绩效关系——基于产业集群内企业的实证研究 [J]. 研究与发展管理, 2008, 20 (2): 28 - 33.

[22] 古家军, 王行思. 企业高管团队内部社会资本、团队行为整合与战略决策速度的关系研究 [J]. 科研管理, 2016, 37 (8): 123 - 129.

[23] 胡元木, 纪端. 董事技术专长、创新效率与企业绩效 [J]. 南开管理评论, 2017, 20 (3): 40 - 52.

[24] 胡元木. 技术独立董事可以提高 R&D 产出效率吗? ——来自中国证券市场的研究 [J]. 南开管理评论, 2012, 15 (2): 136 - 142.

[25] 江雅雯, 黄燕, 徐雯. 市场化程度视角下的民营企业政治关联与研发 [J]. 科研管理, 2012, 33 (10): 48 - 57.

[26] 黎耀奇, 谢礼珊. 社会网络分析在组织管理研究中的应用与展望 [J]. 管理学报, 2013, 10 (1): 146 - 154.

[27] 李国栋, 薛有志. 董事会战略参与效应及其影响因素研究 [J]. 管理评论, 2011, 23 (3) : 98 - 106.

[28] 李健, 陈传明, 孙俊华. 企业家政治关联、竞争战略选择与企业价值——基于上市公司动态面板数据的实证研究 [J]. 南开管理评论, 2012, 15 (6): 147 - 157.

[29] 李玲, 党兴华. 基于权力依赖的技术创新网络核心企业的识别研究 [J]. 软科学, 2009 (5): 72 - 76.

[30] 李培馨，陈运森，王宝链．社会网络及其在金融研究中的应用：最新研究述评 [J]．南方经济，2013，31：62－74.

[31] 李维安、武立东．公司治理 [M]．天津：南开大学出版社，2001.

[32] 李玉连．基于社会资本理论的产业集群可持续发展研究 [J]．科学学与科学技术管理，2006，27（3）：104－108.

[33] 林聚任．社会网络分析——理论．方法与应用 [M]．北京：北京师范出版社，2009.

[34] 刘军．社会网络分析导论：An introduction to social network analysis [M]．北京：社会科学文献出版社，2004.

[35] 刘林平．企业的社会资本：概念反思和测量途径 [J]．社会学研究，2006（2）：204－216.

[36] 刘小元，金媛媛．董事会战略参与的研究进展与展望 [J]．管理学报，2014，11（2）：302－312.

[37] 刘学元，丁雯婧，赵先德．企业创新网络中关系强度、吸收能力与创新绩效的关系研究 [J]．南开管理评论，2016，19（1）：30－42.

[38] 刘雪峰．网络嵌入性与差异化战略及企业绩效关系研究 [D]．博士学位论文，浙江大学，2007.

[39] 柳卸林，王昌林．中国技术创业与成果转化三十年 [J]．创新与创业管理，2009（1）：140－149.

[40] 卢昌崇，陈仕华．断裂联结重构：连锁董事及其组织功能 [J]．管理世界，2009（5）：152－165.

[41] 卢昌崇，陈仕华．连锁董事理论：来自中国企业的实证检验 [J]．中国工业经济，2006（1）：113－119.

[42] 鲁桐，党印．公司治理与技术创新：分行业比较 [J]．经济研究，2014（6）：115－128.

[43] 陆红英，董彦. 高管团队社会资本量表开发及信效度检验 [J]. 经济论坛，2008 (9)：96-98.

[44] 罗党论，唐清泉. 中国民营上市公司制度环境与绩效问题研究 [J]. 经济研究，2009 (2)：106-118.

[45] 罗家德. 社会网分析讲义 [M]. 第2版. 北京：社会科学文献出版社，2010.

[46] 罗思平，于永达. 技术转移，"海归"与企业技术创新——基于中国光伏产业的实证研究 [J]. 管理世界，2012 (11)：124-132.

[47] 吕一博，程露，苏敬勤. "资源导向"的企业网络行为：一个社会网络视角的分析框架 [J]. 管理学报，2013，10 (1)：70-76.

[48] 马富萍，李燕萍. 资源型企业高管社会资本、资源获取与技术创新 [J]. 经济管理，2011 (8)：51-59.

[49] 马富萍，郭晓川. 高管团队异质性与技术创新绩效的关系研究——以高管团队行为整合为调节变量 [J]. 科学学与科学技术管理，2010，31 (12)：186-191.

[50] 马连福，张琦，王丽丽. 董事会网络位置与企业技术创新投入——基于技术密集型上市公司的研究 [J]. 科学学与科学技术管理，2016，37 (4)：126-136.

[51] 马永斌. 组织间关系构建理论综述及发展趋势展望 [J]. 科学学与科学技术管理，2010，31 (6)：49-52.

[52] 宁美军，赵西卜，朱丽. 上市公司网络位置、财务总监执行力与财务质量报告：基于独立董事的视角 [J]. 江西财经大学学报，2018 (2)：48-58.

[53] 潘旭明. 组织间的合作关系：基于嵌入关系的视角 [J]. 经济学家，2008 (2)：96-101.

［54］彭正银，廖天野．连锁董事治理效应的实证分析——基于内在机理视角的探讨［J］．南开管理评论，2008，11（1）：99－105.

［55］任兵，区玉辉，彭维刚．连锁董事与公司绩效：针对中国的研究［J］．南开管理评论，2007，10（1）：8－15.

［56］任兵，区玉辉．企业连锁董事在中国［J］．管理世界，2001（6）：132－141.

［57］任胜钢，曾慧，董保宝．网络跨度与信任的交互效应对创业绩效影响的纵向案例研究［J］．管理学报，2016，13（4）：473－482.

［58］邵云飞，欧阳青燕，孙雷．社会网络分析方法及其在创新研究中的运用［J］．管理学报，2009，6（9）：1188－1193.

［59］沈艺峰，王夫乐，陈维．“学院派”的力量：来自具有学术背景独立董事的经验证据［J］．经济管理，2016（5）：176－186.

［60］盛意．企业关系网络对企业社会资本获取影响的实证研究［J］．湘潭大学学报（哲学社会科学版），2010（1）：61－67.

［61］孙国强，窦捷，吉迎东．网络权力决定论研究回顾与展望［J］．科技管理研究，2018，38（1）：261－266.

［62］孙永磊，党兴华．基于知识权力的网络惯例形成研究［J］．科学学研究，2013，31（9）：1372－1380.

［63］唐朝永，陈万明，彭灿．社会资本、失败学习与科研团队创新绩效［J］．科学学研究，2014，32（7）：1096－1105.

［64］唐清泉．如何看待公司董事会的认知资源［J］．南开管理评论，2002，5（2）：14－16.

［65］汪云林，韩伟一．社会网络声望模型的分析与改进

[J]. 系统工程，2006（11）：54 -58.

[66] 王雷. 外部社会资本与集群企业创新绩效的关系：知识溢出与学习效应的影响 [J]. 管理学报，2013，10（3）：444 - 450.

[67] 王理想，姚小涛，吴瀚. 从连锁董事资本到企业资本的转化：机制、动机与影响因素 [J]. 经济管理，2016（6）：59 - 70.

[68] 王燕妮，宋婷. 高管团队异质性对 R&D 投入与企业绩效调节效应研究 [J]. 现代财经（天津财经大学学报），2013，33（9）：109 - 118.

[69] 尉建文，赵延东. 权力还是声望？——社会资本测量的争论与验证 [J]. 社会学研究，2011（3）：64 - 83.

[70] 温忠麟，张雷，侯杰泰. 有中介的调节变量和有调节的中介变量 [J]. 心理学报，2006，38（3）：448 - 452.

[71] 吴小节，杨书燕，汪秀琼. 资源依赖理论在组织管理研究中的应用现状评估——基于 111 种经济管理类学术期刊的文献计量分析 [J]. 管理学报，2015，12（1）：61 - 71.

[72] 吴晓波，许冠南，杜健. 网络嵌入性：组织学习与创新 [M]. 北京：科学出版社，2011.

[73] 吴晓波，韦影. 制药企业技术创新战略网络中的关系性嵌入 [J]. 科学学研究，2005，23（4）：561 - 565.

[74] 希拉·斯劳特，拉里·莱斯利. 学术资本主义：政治、政策和创业型大学 [M]. 北京：北京大学出版社，2008.

[75] 肖广岭，柳卸林. 技术创新环境建设应是政府工作的重点 [J]. 科技导报，2001（2）：19 - 23.

[76] 谢洪明，王成，王琪. 知识整合：内部社会资本和组织文化作用——华南地区企业的实证研究 [J]. 科学管理研究，

2006，24（4）：65－69.

［77］谢洪明，王成，吴业春．内部社会资本对知识能量与组织创新的影响——华南地区企业的实证研究［J］．管理学报，2007（1）：100－107.

［78］邢小强，仝允桓．网络能力：概念、结构与影响因素分析［J］．科学学研究，2004（12）：558－563.

［79］徐建中，徐莹莹．企业协同能力、网络位置与技术创新绩效——基于环渤海地区制造业企业的实证分析［J］．管理评论，2015，27（1）：114－125.

［80］严若森，华小丽．环境不确定性，连锁董事网络位置与企业创新投入［J］．管理学报，2017，14（3）：373－381.

［81］杨隽萍，彭学兵，廖亭亭．网络异质性、知识异质性与新创企业创新［J］．情报科学，2015，33（4）：40－45.

［82］杨震宁．政府的引导作用对于集群中企业创新绩效的影响：基于国内科技园区数据的实证研究［J］．科研管理，2012，33（2）：11－17.

［83］于潇，王学龙，Peter Ho．经济成熟后的技术变迁与政府转型——基于日本教育与经济发展的经验［J］．当代经济研究，2015（1）：50－51.

［84］余泳泽，刘大勇．我国区域创新效率的空间外溢效应与价值链外溢效应——创新价值链视角下的多维空间面板模型研究［J］．管理世界，2013（7）：6－20.

［85］宇红，郭京福，毛海军．企业社会资本在企业社会责任履行中的作用［J］．大连民族大学学报，2013，15（6）：600－602.

［86］张斌，王跃堂．业务复杂度、独立董事行业专长与股价同步性［J］．会计研究，2014（7）：36－42.

[87] 张浩，孙新波．网络嵌入视角下创业者外部社会资本对创业机会识别的影响研究［J］．科学学与科学技术管理，2017，38（12）：133－147.

[88] 张红娟，谭劲松．联盟网络与企业创新绩效：跨层次分析［J］．管理世界，2014（3）：163－169.

[89] 张惠琴，尚甜甜，邵云飞．嵌入式关系对创新网络中知识内化及竞争模式选择的影响［J］．管理学报，2016，13（4）：605－612.

[90] 张践明，雷志华．论科学知识与权力的交融［J］．求索，2007（2）：153－154.

[91] 张军．政府转型、政治治理与经济增长：中国的经验［J］．云南大学学报（社会科学版），2006，5（4）：325－325.

[92] 张祥建，郭岚．国外连锁董事网络研究述评与未来展望［J］．外国经济与管理，2014，36（5）：69－80.

[93] 张小蒂，李风华．技术创新、政府干预与竞争优势［J］．世界经济，2001（7）：44－49.

[94] 张星，魏淑芬，夏火松，等．企业市场机遇信息声望评价模型研究［J］．图书情报工作，2012，56（8）：102－106.

[95] 张玉利，杨俊，任兵．社会资本、先前经验与创业机会——一个交互效应模型及其启示［J］．管理世界，2008（7）：91－102.

[96] 赵延东．社会资本理论的新进展［J］．国外社会科学，2003（3）：54－59.

[97] 郑方．治理与战略的双重嵌入性——基于连锁董事网络的研究［J］．中国工业经济，2011（9）：108－118.

[98] 周建，金媛媛，刘小元．董事会资本研究综述［J］．外国经济与管理，2010（12）：27－35.

[99] 朱丽，杨杜．网络嵌入对企业竞争能力影响研究——基于创新和网络嵌入交互的研究视角 [J]．现代管理科学，2015，(1)：93-96.

[100] 朱丽，刘军，刘超，等．异质性行业连接、网络权力与创新绩效关系研究——基于中国上市公司全网络 [J]．经济管理，2017，39 (9)：34-46.

[101] 朱丽，柳卸林，刘超，等．高管社会资本、企业网络位置和创新能力——"声望"和"权力"的中介 [J]．科学学与科学技术管理，2017，38 (6)：94-109.

[102] 朱丽，柳卸林，宋继文．网络范式下的管理学研究及前沿热点 [J]．管理世界，2016 (10)：184-185.

[103] Abrahamson E, Rosenkopf L. Social network effects on the extent of innovation diffusion: a computer simulation [J]. Organization Science, 1997, 8 (3): 289-309.

[104] Adler P S, Kwon S W. Social capital: prospects for a new concept [J]. Academy of Management Review, 2002, 27 (1): 17-40.

[105] Ahuja G. Collaboration networks, structural holes, and innovation: a longitudinal study [J]. Administrative Science Quarterly, 2000, 45 (3): 425-455.

[106] Amabile T M, Conti R. Changes in the work environment for creativity during downsizing [J]. Academy of Management Journal, 1999, 42 (6): 630-640.

[107] Anand V, Glick W H, Manz C C. Thriving on the knowledge of outsiders: Tapping organizational social capital [J]. Academy of Management Perspectives, 2002, 16 (1): 87-101.

[108] Andersson U, Forsgren M, Holm U. The strategic impact

of external networks: subsidiary performance and competence development in the multinational corporation [J]. Strategic Management Journal, 2002, 23 (11): 979 -996.

[109] Aral S, Van Alstyne M. The diversity - bandwidth trade - off [J]. American Journal of Sociology, 2011, 117 (1): 90 -171.

[110] Arnaud de la Tour, Matthieu Glachant, Yann Ménière. Innovation and international technology transfer: the case of the Chinese photovoltaic industry [J]. Energy Policy, 2011, 39 (2): 761 - 770.

[111] Arrow K. The Limits of Organization [M]. New York: Norton. 1974.

[112] Bai C E, Xu L C. Incentives for CEOs with multitasks: Evidence from Chinese state - owned enterprises [J]. Journal of Comparative Economics, 2005, 33 (3): 517 -539.

[113] Baker W E, Obstfeld D. Social capital by design: Structures, strategies, and institutional contexts [M]. In R. T. Leenders, & S. M., Gabbay (Eds.), Corporate social capital and liability. Norwell, MA: Kluwer Academic Publishers, 1999.

[114] Bantel K A. Top team, environment, and performance effects on strategic planning formality [J]. Group & Organization Management, 1993, 18 (4): 436 -458.

[115] Bantel K A, Jackson S E. Top management and innovations in banking: does the composition of the top team make a difference [J]. Strategic Management Journal, 1989, 10 (1): 107 - 124.

[116] Balachandran S, Hernandez E. Networks and innovation: Accounting for structural and institutional sources of recombina-

tion in brokerage triads [J]. Organization Science. 2018, 29 (1): 80 - 99.

[117] Barnard, Chester I. The functions of the executive. Cambridge [M]. MA: Harvard University Press. 1938.

[118] Barney J. Firm resources and sustained competitive advantage [J]. Advances in Strategic Management, 1991, 17 (1): 3 - 10.

[119] Baron R M, Kenny D A. The moderator - mediator variable distinction in social psychological research: Conceptual, strategic, and statistical considerations [J]. Journal of Personality and Social Psychology, 1986, 51: 1173 - 1182.

[120] Batjargal B. The dynamics of entrepreneurs' networks in a transition economy: The case of Russia [J]. Entrepreneurship and Regional Development, 2006, 18 (4): 305 - 320.

[121] Belliveau M A, O'Reilly C A III, Wade J B. Social capital at the top: Effects of social similarity and status on CEO compensation [J]. Academy of Management Journal. 1996, 39: 1568 - 1593.

[122] Belloc F. Corporate governance and innovation: A survey [J]. Journal of Economic Surveys, 2012, 26 (5): 835 - 864.

[123] Bizjak J, Lemmon M, Whitby R. Option backdating and board interlocks [J]. Review of Financial Studies, 2009, 22 (11): 4821 - 4847.

[124] Boisot M, Child J. From fiefs to clans and network capitalism: Explaining China's emerging economic order [J]. Administrative Science Quarterly, 1996, 41 (4): 600 - 628.

[125] Bolino M C, Turnley W H. Citizenship behavior and the

creation of social capital in organizations [J]. Academy of Management Review, 2002, 27 (4): 505 -522.

[126] Brown J S, Duguid P. Organizational learning and communities - of - practice: Toward a unified view of working, learning, and innovation [J]. Organization Science, 1991, 2: 40 -57.

[127] Borgatti S P, Foster P C. The network paradigm in organizational research: A review and typology [J]. Journal of Management, 2003, 29 (6): 991 -1013.

[128] Borgatti S P, Mehra A, Brass D J, et al. Network analysis in the social sciences [J]. Science, 2009, 323: 892 -895.

[129] Bourdieu P. The forms of capital [J]. Handbook of theory & research for the Sociology of Education, 1986, 280 -291.

[130] Bourdieu P, Wacquant L J D. An invitation to reflexive sociology [M]. University of Chicago Press, 1992.

[131] Brian Uzzi. The sources and consequences of embeddedness for the economic performance of organizations: the network effect [J]. American Sociological Review, 1996, 61 (4): 674 -698.

[132] Buderi R, Huang T G. Guanxi: Microsoft, China and Bill Gates' plan to win the road ahead [M]. London: Random House Business Books, 2006.

[133] Buderi R, Huang G T. Guanxi (The art of relationships): Microsoft, China, and Bill Gates's plan to win the road ahead [J]. Simon and Schuster, 2007: 50 -100.

[134] Burt R S. Structural holes and good ideas [J]. American journal of sociology, 2004, 110 (2): 349 -399.

[135] Burt R S. Structural Holes: The social structure of competition [M]. Cambridge, Mass: Harvard University Press, 1992.

[136] Burt R S. The contingent value of social capital [J]. Administrative science quarterly, 1997: 339 - 365.

[137] Burt R S. Cooptive corporate actor networks: A reconsideration of interlocking directorates involving American manufacturing [J]. Administrative science quarterly, 1980, 557 - 582.

[138] Burt R S. Structural Holes [M]. Cambridge: Harvard University Press, 1992.

[139] Burt R S. Structural holes: the social structure of competition [M]. Cambridge: Harvard University Press, 1995.

[140] Burt R S. Structural holes: The social structure of competition [M]. Cambridge: Harvard university press, 2009.

[141] Burt R S. The contingent value of social capital [J]. Administrative Science Quarterly, 1997 (42): 339 - 365.

[142] Burt R S. Brokerage and Closure: An Introduction to Social Capital [M]. New York: Oxford University Press, 2005.

[143] Cai Y, Sevilir M. Board Connections and M&A Transactions [J]. Journal of Financial Economics, 2012, 103 (2): 327 - 349.

[144] Capaldo A. Network structure and innovation: The leveraging of a dual network as a distinctive relational capability [J]. Strategic Management Journal, 2007, 28 (6): 585 - 608.

[145] Carlile P R. A pragmatic view of knowledge and boundaries: Boundary objects in new product development [J]. Organization Science, 2002 (13): 442 - 455.

[146] Cassiman B, Veugelers R. In search of complementarity in innovation strategy: Internal R&D and external knowledge acquisition [J]. Management science, 2006, 52 (1): 68 - 82.

[147] Castro M C B, Periñán M D M V, Bueno J C C. How boards' internal and external social capital interact to affect firm performance [J]. Strategic Organization, 2016, 14 (1): 6 - 31.

[148] Chen Y, Tang G, Jin J, et al. CEOs' Transformational Leadership and Product Innovation Performance: The Roles of corporate entrepreneurship and technology orientation [J]. Journal of Product Innovation Management, 2014, 31: 2 - 17.

[149] Child J, Smith C. The context and process of organizational transformation Cadbury Limited in its sector [J]. Journal of Management Studies, 1987, 24: 565 - 593.

[150] Chidambaran N K, Kedia S, Prabhala N R. CEO director connections and corporate fraud [J]. Fordham University Schools of Business Research Paper, 2011, 1 - 44.

[151] Cho Y, Hwang J, Lee D. Identification of effective opinion leaders in the diffusion of technological innovation: A social network approach [J]. Technological Forecasting & Social Change, 2012, 79 (1): 97 - 106.

[152] Clercq D D, Dimov D, Thongpapan L N. Organizational social capital, formalization, and internal knowledge sharing in entrepreneurial orientation formation [J]. Entrepreneurship Theory & Practice, 2013, 37 (3): 505 - 537.

[153] Clive Savory. Building knowledge translation capability into public - sector innovation processes [J]. Technology Analysis & Strategic Management, 2009, 21 (2): 149 - 171.

[154] Cohen W M, D A Levinthal. Absorptive capacity: A new perspective on learning and innovation [J]. Administrative Science Quarterly, 1990 (35): 128 - 152.

[155] Coleman, James. Foundations of social theory [M]. Cambridge: Belknap Press of Harvard University Press, 1990.

[156] Coleman J S. Social Capital in the creation of human capital [M]. Knowledge and Social Capital: Foundations and Applications, 2000.

[157] Coleman J S. Social capital in the Creation of Human capital [J]. American Journal of Sociology, 1988: 95 - 120.

[158] Coulon, F. The use of social network analysis in innovation research: A literature review [M]. Sueden: Lund University, 2005.

[159] Cowan R, Jonard N, Zimmermann J B. Bilateral Collaboration and the Emergence of Innovation Networks [J]. Management science, 2007, 53 (7): 1051 - 1067.

[160] Cyert R M , March J G . March 1963 A Behavioral Theory of the Firm [M]. New York: Prentice Hall, 1963.

[161] Dahlander L, O'Mahony S, Gann D M. One foot in, one foot out: How does individuals' external search breadth affect innovation outcomes [J]. Strategic Management Journal, 2016, 37 (2): 280 - 302.

[162] Davis G F, Cobb J A. Resource dependence theory: Past and future [J]. Research in the Sociology of Organizations, 2010, 28: 21 - 42.

[163] Davis J P, Eisenhardt K M. Rotating leadership and collaborative innovation recombination processes in symbiotic relationships [J]. Administrative Science Quarterly. 2011, 56 (2): 159 - 201.

[164] Dodgson M. Collaboration and innovation management

[M]. The Oxford Handbook of Innovation Management Oxford, UK: Oxford University Press, 2014.

[165] Dougherty D. Interpretive barriers to successful product innovation in large firms [J]. Organization Science, 1992, 3 (2): 179 -202.

[166] Dyer J H, Singh H. The relational view: Cooperative strategy and sources of interorganizational competitive advantage [J]. Academy of management review, 1998, 23 (4): 660 -679.

[167] Eisenhardt K M, Schoonhoven C B. Organizational growth: Linking founding team, strategy, environment, and growth among U. S. semiconductor ventures, 1978 -1988 [J]. Administrative Science Quarterly, 1990, 35: 504 -529.

[168] Esteban Walker. Applied regression analysis and other multivariable methods [J]. Technometrics, 1978, 31 (1): 117 -118.

[169] Fama E F, Jensen M C. Separation of ownership and control [J]. Journal of law and economics, 1983: 301 -325.

[170] Finkelstein S, Hambrick D C, Cannella A A. Strategic leadership: Theory and research on executives, top management teams and boards [M]. New York: Oxford University Press, 2009.

[171] Finkelstein Sydney, Donald C Hambrick. Top -management team tenure and organizational outcomes: The moderating role of managerial discretion [J]. Administrative Science Quarterly, 1990, 35: 484 -503.

[172] Flynn F J, Chatman J A, Spataro S E. Getting to know you: the influence of personality on impressions and performance of demographically different people in organizations [J]. Administrative

Science Quarterly, 2001, 46 (3): 414 - 442.

[173] Fountain, Jane. Social Capital: A Key Enabler of Innovation in Science and Technology [M]. In L. M. Branscomb and J. Keller (eds), Investing in innovation: Toward a consensus strategy for federal technology policy, Cambridge Mass: MIT Press, 1997.

[174] Fynes B, Voss C. The moderating effect of buyer - supplier relationships on quality practices and performance [J]. International Journal of Operations & Production Management, 2002 (22): 589 - 613.

[175] West G P. Collective Cognition: When entrepreneurial teams, not individuals, make decisions [J]. Entrepreneurship Theory and Practice, 2007, 31 (1): 77 - 102.

[176] Galaskiewicz J, Wasserman S. Mimetic processes within an interorganizational field: An empirical test [J]. Administrative science quarterly, 1989, 454 - 479.

[177] Gargiulo M, Benassi M. Trapped in your own net? Network cohesion, structural holes, and the adaptation of social capital [J]. Organization Science, 2000, 11: 183 - 196.

[178] Geletkanycz M A, Hambrick D C. The external ties of top executives: implications for strategic choice and performance [J]. Administrative Science Quarterly, 1997, 42 (4): 654 - 681.

[179] Geletkanycz M A, Boyd B K. CEO outside directorships and firm performance: A reconciliation of agency and embeddedness views [J]. Academy of Management Journal, 2011, 54 (2): 335 - 352.

[180] Gnyawali D R, Madhavan R. Cooperative networks and competitive dynamics: a structural embeddedness perspective [J].

Academy of Management Review, 2001, 26 (3): 431 -445.

[181] Goerzen A, Beamish P W. The effect of alliance network diversity on multinational enterprise performance [J]. Strategic Management Journal, 2005, 26 (4): 333 -354.

[182] Golicic S L, Mentzer J T. An empirical examination of relationship magenitude [J]. Journal of Business Logistics, 2006, 26 (2): 47 -71.

[183] Granovetter M S. The strength of weak ties [J]. American journal of sociology, 1973: 1360 -1380.

[184] Granovetter M S. Economic action and social structure: The problem of embeddedness [J]. Social Science Electronic Publishing, 1985, 91 (3): 481 -510.

[185] Greenwald B C, Stiglitz J E. Externalities in economies with imperfect information and incomplete markets [J]. The Quarterly Journal of Economics, 1986, 101 (2): 229 -264.

[186] Griliches Z. Issues in assessing the contribution of research and development to productivity growth [J]. Bell Journal of Economics, 1979, 10 (1): 92 -116.

[187] Guedj I, Barnea A. Director networks [C]. EFA 2007 Ljubljana Meetings Paper, 2009.

[188] Gulati R. Alliances and networks [J]. Strategic management journal, 1998, 19 (4): 293 -317.

[189] Gulati R. Network location and learning: the influence of network resources and firm capabilities on alliance formation [J]. Strategic Management Journal, 1999, 20 (5): 397 -420.

[190] Gulati R, Nohria N, Zaheer A. Strategic networks [J]. Strategic management journal, 2000, 21 (3): 203 -215.

[191] Hambrick D C. Upper echelons theory: An update [J]. Academy of management review, 2007, 32 (2): 334 -343.

[192] Hambrick D C, D'Aveni R A. Top team deterioration as part of the downward spiral of large corporate bankruptcies [J]. Management Science, 1992, 38 (10): 1445 -1466.

[193] Hambrick D C, Mason P A. Upper echelons: The organization as a reflection of its top managers [J]. Academy of management review, 1984, 9 (2): 193 -206.

[194] Hambrick D C, Geletkanycz M A, Fredrickson J W. Top executive commitment to the status quo: A test of some of its determinants [J]. Strategic Management Journal, 1993, 14: 401 -418.

[195] Hao Chen Huang. Technological innovation capability creation potential of open innovation: a cross - level analysis in the biotechnology industry [J]. Technology Analysis & Strategic Management, 2011, 23 (1): 49 -63.

[196] Hau Y S, Kim B, Lee H, et al. The effects of individual motivations and social capital on employees' tacit and explicit knowledge sharing intentions [J]. International Journal of Information Management, 2013, 33 (2): 356 -366.

[197] Haunschild P R. Interorganizational imitation: The impact of interlocks on corporate acquisition activity [J]. Administrative science quarterly, 1993, 38 (4): 564 -592.

[198] Hargadon, A. How breakthroughs happen: The surprising truth about how companies innovate [M]. Boston: Harvard Business School Press, 2003.

[199] Henderson R, Clark K. B. Architectural innovation: The reconfiguration of existing product technologies and the failure of

established firms [J]. Administrative Science Quarterly, 1990, 35: 9 -30.

[200] Hickson D J, Hinings C R, Less C A, et al. A strategic contingencies theory of intraorganizational power [J]. Administrative Science Quarterly, 1971, 16 (2): 216 -229.

[201] Hillman A J, Withers M C, Collins B J. Resource dependence theory: A review [J]. Journal of Management, 2009, 35 (6): 1404 -1427.

[202] Hippel E V. Innovation by user communities: Learning from open - source software [J]. Mit Sloan Management Review, 2001, 42 (4): 82 -86.

[203] Hjh, Hassan A. Rise and fall of knowledge power: an in-depth investigation [J]. Humanomics the International Journal of Systems & Ethics, 2008, 24 (1): 17 -27.

[204] Hottenrott H, Peters B. Innovative capability and financing constraints for innovation: more money, more innovation [J]. Review of Economics & Statistics, 2009, 94 (9 -081): 1 -40.

[205] Houghton S M, Smith A D, Hood J N. The influence of social capital on strategic choice: an examination of the effects of external and internal network relationships on strategic complexity [J]. Journal of Business Research, 2009, 62 (12): 1255 -1261.

[206] Huang K F, Lin K H, Wu L Y, et al. Absorptive capacity and autonomous R&D climate roles in firm innovation [J]. Journal of Business Research, 2015, 68 (1): 87 -94.

[207] Humphreys P K, Li W L, Chan L Y. The impact of supplier development on buyer - supplier performance [J]. Omega, 2004, 32 (2): 131 -143.

[208] Ibarra H. Network centrality, power, and innovation involvement: determinants of technical and administrative roles [J]. Academy of Management Journal, 1993, 36 (3): 471 -501.

[209] Igor Filatotchev, Kate Bishop. Board composition, share ownership, and 'underpricing' of U. K. IPO Firms [J]. Strategic Management Journal, 2002, 23 (10): 941 -955.

[210] Inkpen A C , Tsang E W K . Social capital, networks, and knowledge transfer [J]. Academy of Management Review, 2005, 30 (1): 146 -165.

[211] Ireland R D, Webb J W. A multi - theoretic perspective on trust and power in strategic supply chains [J]. Journal of Operations Management, 2007, 25 (2): 482 -497.

[212] Janine N, Sumantra G. Social capital, intellectual capital, and the organizational advantage [J]. Knowledge and Social Capital, 2000, 23 (2): 119 -157.

[213] Jarillo J C. On strategic networks [J]. Strategic management journal, 1988, 9 (1): 31 -41.

[214] Jing Z M, Wang L M, Ding J J. Corporate social capital and business model innovation: the mediating role of organizational learning [J]. Frontiers of Business Research in China, 2014, 8 (4): 500 -528.

[215] Joel M Podolny. Networks as the pipes and prisms of the market [J]. American Journal of Sociology, 2001, 107 (1): 33 -60.

[216] Johnson, Phyllis. A study of cognition and behavior in top management team interaction [M]. Bedford: Cranfield University, 1998.

[217] Kaplan S, Vakili K. The double – edged sword of recombination in breakthrough innovation [J]. Strategic Management Journal, 2015, 36 (10): 1435 – 1457.

[218] Karl Marx. Capital [M]. Moscow: Progress Publishers, 1887.

[219] Katz D, Kahn R L. The social psychology of organizations [M]. New York: Wiley, 1978.

[220] Keister L A. Engineering growth: business group structure and firm performance in China's Transition Economy [J]. American Journal of Sociology, 1998, 104 (2): 404 – 440.

[221] Ken G Smith, Ken A Smith, Judy D Olian, et al. Top management team demography and process: the role of social integration and communication [J]. Administrative Science Quarterly, 1994, 39 (3): 412 – 438.

[222] Khanna T, Thomas C. Synchronicity and firm interlocks in an emerging market [J]. Journal of Financial Economics, 2009, 92 (2): 182 – 204.

[223] Kilduff M, Tsai W. Social networks and organizations [M]. London: Sage, 2003.

[224] Kilduff M, Brass D J. Organizational social network research: Core Ideas and Key Debates [J]. The Academy of Management Annals, 2010, 4 (1): 317 – 357.

[225] Kleinbaum D G, Kupper L L, Muller K E. Applied regression analysis and other multivariable methods [M]. PWS Publishing: Boston, MA, 1988.

[226] Kogut B, U Zander. Knowledge of the firm, combinative capabilities, and the replication of technology [J]. Organization Sci-

ence, 1992, 3: 383 - 397.

[227] Koka B R, Prescott J E. Strategic alliances and social capital: A multidimensional view [J]. Strategic Management Journal, 2002, 23: 795 - 816.

[228] Kostova T, Roth K. Social capital in multinational corporations and a micro - macro model of its formation [J]. Academy of Management Review, 2003, 28 (2): 297 - 317.

[229] Kumar R, Sethi A. Doing Business in India: A Guide for Western Managers [M]. New York : Macmillan Publishers Limited, 2005.

[230] Kwon S W, Rondi E, Levin D Z, et al. Network brokerage: An integrative review and future research agenda [J]. Journal of Management, 2020, Forthcoming.

[231] Lane P J, Lubatkin M. Relative absorptive capacity and interorganizational learning [J]. Strategic management journal, 1998: 461 - 477.

[232] Larcker D F, Richardson S A, Seary A, Tuna I. Back door links between directors and executive compensation Working Paper, University of Pennsylvania.

[233] Laursen K, Masciarelli F, Prencipe A. Regions matter: How localized social capital affects innovation and external knowledge acquisition [J]. Organization science, 2012, 23 (1): 177 - 193.

[234] Leana C R, Van Buren H J. Organizational social capital and employment practices [J]. Academy of Management Review, 1999, 24: 538 - 555.

[235] Lee C, Lee K, Pennings J M. Internal capabilities, external networks, and performance: A study on technology - based

ventures [J]. Strategic Management Journal, 2001, 22: 615 - 640.

[236] Lee R P, Özsomer A, Zhou K Z. Innovation in and from Emerging Economies [J]. Industrial Marketing Management, 2015 (50): 16 - 17.

[237] Li C R, Lin C J, Huang H C. Top management team social capital, exploration - based innovation, and exploitation - based innovation in SMEs [J]. Technology Analysis & Strategic Management, 2014, 26 (1): 69 - 85.

[238] Li L, Tian G, Yan W. The network of interlocking directorates and firm performance in transition economies: evidence from China [J]. Journal of Applied Business Research, 2013, 29 (2): 607 - 620.

[239] Lin N, Dumin M. Access to occupations through social ties [J]. Social networks, 1986, 8 (4): 365 - 385.

[240] Lin N, Ensel W M, Vaughn J C. Social resources and strength of ties: Structural factors in occupational status attainment [J]. American sociological review, 1981: 393 - 405.

[241] Lin N. Building a network theory of social capital [J]. Connections, 1999, 22 (1): 28 - 51.

[242] Lin N. Social Capital. A Theory of social structure and action [M]. Cambridge: Cambridge University Press, 2002: 24 - 25.

[243] Lin N. Social Resources and Instrumental Action [C]. P. Marsden and Nan Lin, eds. Social Structure and Network Analysis. Beverly Hills, CA: Sage, 1982.

[244] Lin Z J, Peng M W, Yang H, et al. How do networks and learning drive M&As? An institutional comparison between China

and the United States [J]. Strategic Management Journal, 2009, 30 (10): 1113 - 1132.

[245] Lin N, Cook K S, Burt R S. Social Capital Theory and Research [M]. New York: Aldine de Grnyter, 2001.

[246] Lin N. Social Capital: A Theory of Social Structure and Action [M]. Cambridge: Cambridge University press, 2001.

[247] Luo Y, Chen M. Does guanxi influence firm performance? [J]. Asia Pacific Journal of Management, 1997, 14 (1): 1 - 16.

[248] Fu - Ping M A, Yan - Ping L I. Top Managerial Social Capital, Resource Acquisition and Technological Innovation Performance in Resource - based Enterprises [J]. Economic Management Journal, 2011, 33 (8): 60 - 68.

[249] Leibold, Marius, Probst, et al. Strategic management in the knowledge economy: new approaches and business applications [M]. Publicis, Wiley - VCH Verlag, 2006.

[250] Mark G. Economic action and social structure: the problem of embeddedness [J]. American Journal of Sociology, 1985, 91 (3): 481 - 510.

[251] Markóczy L, Li S S, Peng M W, et al. Social network contingency, symbolic management, and boundary stretching [J]. Strategic Management Journal, 2013, 34 (11): 1367 - 1387.

[252] Mcevily B, Marcus A. Embedded ties and the acquisition of competitive capabilities [J]. Strategic Management Journal, 2005, 26 (11): 1033 - 1055.

[253] Mcevily B, Zaheer A. Bridging ties: a source of firm heterogeneity in competitive capabilities [J]. Strategic Management

Journal, 1999, 20 (12): 1133 - 1156.

[254] Merton R C. Innovation risk [J]. Harvard Business Review, 2013, 91: 48 - 56.

[255] Meyer J W, Scott W R. Organisational Environments: Ritual and Rationality [J]. Medicine & Science in Sports & Exercise, 1983, 42 (5): 774 - 775.

[256] Michel J G, Hambrick D C. Diversification posture and top management team characteristics [J]. Academy of Management Journal, 1992, 35 (1): 9 - 37.

[257] Mike W Peng, Yadong Luo. Managerial ties and firm performance in a transition economy: the nature of a micro - macro link [J]. Academy of Management Journal, 2000, 43 (3): 486 - 501.

[258] Mintzberg H. The Nature of Managerial Work [M]. New York: Harper & Row, 1973.

[259] Mizruchi M S. What do interlocks do? An analysis, critique, and assessment of research on interlocking directorates [J]. Annual review of sociology, 1996, 22 (1): 271 - 298.

[260] Molinas J. The impact of inequality, gender, external assistance and social capital on local - level cooperation [J]. World Development, 1998, 26 (3): 413 - 431.

[261] Muller D, Judd C M, Yzerbyt V Y. When moderation is mediated and mediation is moderated [J]. Journal of Personality & Social Psychology, 2005, 89 (6): 852 - 863.

[262] Nahapiet J, Ghoshal S. Social capital, intellectual capital, and the organizational advantage [J]. Academy of Management Review, 1998, 23: 242 - 266.

[263] Nonaka I. A Dynamic Theory of Organizational Knowledge Creation. Organization Science [J]. Organization Science, 1994, 5 (1): 14-37.

[264] Obstfeld D. Social Networks, the Tertius Iungens Orientation, and Involvement in Innovation [J]. Administrative Science Quarterly, 2005, 50 (1): 100-130.

[265] Oehmichen J, Schrapp S, Wolff M. Who Needs Experts Most? Board Industry Expertise and Strategic Change - a Contingency Perspective [J]. Strategic Management Journal, 2017, 38 (3): 645-656.

[266] Oh H, Labianca G, Chung M, A Multilevel Model of Group Social Capital [J]. Academy of Management Journal, 2004, 31 (3): 569-582.

[267] Humphreys P K, Li W L, Chan L Y. The impact of supplier development on buyer - supplier performance [J]. Omega, 2001, 32 (2): 131-143.

[268] Paananen M. Exploring the relationships between knowledge sources in the innovation process: Evidence from Finnish innovators [J]. Technology Analysis & Strategic Management, 2009, 21 (6): 711-725.

[269] Palmer D, Friedland R, Singh J V. The ties that bind: Organizational and class bases of stability in a corporate interlock network [J]. American Sociological Review, 1986: 781-796.

[270] Pavitt K. Patent statistics as indicators of innovative activities: Possibilities and problems [J]. Scientometrics, 1985, 7 (1-2): 77-99.

[271] Pegels C C, Song Y I, Yang B. Management heterogene-

ity, competitive interaction groups, and firm performance [J]. Strategic Management Journal, 2000, 21 (9): 911 -923.

[272] Peng M W, Heath P S. The growth of the firm in planned economies in transition: Institutions, organizations, and strategic choice [J]. Academy of management review, 1996, 21 (2): 492 -528.

[273] Peng M W. Business strategies in transition economies [M]. Thousand Oaks, CA: Sage, 2000.

[274] Peng M W, Luo Y. Managerial Ties and Firm Performance in a Transition Economy: The Nature of a Micro - Macro Link [J]. Academy of Management Journal, 2000, 43 (3): 489 - 501.

[275] Pfeffer J, Salancik G R. The External Control of Organizations—A Resource Dependence Perspective, New York [J]. Economic Journal, 1979, 23 (2): 123 -133.

[276] Podolny J M. Networks as the Pipes and Prisms of the Market [J]. American journal of sociology, 2001, 107 (1): 33 - 60.

[277] Polanyi K. The great transformation. The political and economic origins of our time [M]. Boston: Beacon Press, 1944.

[278] Portes A. Social capital: its origins and applications in modern sociology [J]. Annual Review of Sociology, 1998, 24 (1): 1 -24.

[278] Powell W W, Koput K W, Smith - Doerr L. Interorganizational collaboration and the locus of innovation: Networks of learning in biotechnology [J]. Administrative science quarterly, 1996: 116 - 145.

[280] Powell W W, White D R, Koput K W et al. Network Dynamics and Field Evolution: The Growth of Interorganizational Collaboration in the Life Sciences [J]. American Journal of Sociology, 2005, 110 (4): 1132 – 1206.

[281] Powell W W. Learning from Collaboration: Knowledge and Networks in the Biotechnology and Pharmaceutical Industries [J]. California Management Review, 1998, 40 (3): 228 – 240.

[282] Preacher K J, Rucker D D, Hayes A F. Addressing Moderated Mediation Hypotheses: Theory, Methods, and Prescriptions [J]. Multivariate behavioral research, 2007, 42 (1): 185 – 227.

[283] Putnam R. Bowling alone, Aamerica's declining of social capital [J]. Journal of Democracy, 1995, 6 (1): 65 – 78.

[284] Putnam R. Bowling Alone: The Collapse and Revival of American Community [M]. New York: Simon and Schuster, 2000.

[285] Putnam R D, Leonardi R, Nanetti R Y. Social capital and institutional success. In Making democracy work. Civic traditions in modern Italy [M]. Princeton: Princeton University Press, 1993.

[286] Putnam R D. Bowling alone: The collapse and revival of American community. Simon and Schuster [C]. Acm Conference on Computer Supported Cooperative Work. ACM, 2001.

[287] Qian X, Xu W, Li K. Do entrepreneurial social networks boost enterprise growth? Eevidence from the pearl river delta in China [J]. Frontiers of Business Research in China, 2010, 4 (3): 498 – 513.

[288] Rajan R G, Zingales L. Power in a theory of the firm

[J]. Social Science Electronic Publishing, 1997, 113 (2): 387 - 432.

[289] Raghuram R G, Luigi Z. Power in a theory of the firm [J]. Nber Working Papers, 1997, 113 (2): 387 -432.

[290] Landry R, Amara N, Lamari M. Does social capital determine innovation? to what extent? [J]. Technological Forecasting and Social Change, 2002, 69 (7): 681 -701.

[291] Robert W, Rycroft, Kash D E. The Complexity Challenge: Technological Innovation for the 21st Century [M]. London: Pinter Publishers, 1999.

[292] Rodan S, C Galunic. More than network structure: How knowledge hetero - geneity influences managerial performance and innovativeness [J]. Strategic Management Journal, 2004, 25: 541 - 562.

[293] Ronald S Burt. The contingent value of social capital [J]. Administrative Science Quarterly, 1997, 42 (2): 339 -365.

[294] Rowley T, Behrens D, Krackhardt D. Redundant governance structures: an analysis of structural and relational embeddedness in the steel and semiconductor industries [J]. Strategic Management Journal, 2000, 21 (3): 369 -386.

[295] Rycroft R W, Kash D E. The Complexity Challenge - Technologieal Innovation for the 21 Century [M]. New York: Cassell, 1999.

[296] Salancik G R, Pfeffer J. A social information processing approach to job attitudes and task design [J]. Administrative science quarterly, 1978: 224 -253.

[297] Sanchez - Famoso V, Maseda A, Iturralde T. The role of

internal social capital in organisational innovation: An empirical study of family firms [J]. European Management Journal, 2014, 32 (6): 950 -962.

[298] Savory C. Building Knowledge Translation Capability into Public - Sector Innovation Processes [J]. Technology Analysis & Strategic Management, 2009, 21 (2): 149 -171.

[299] Scherer F M. Inter - technology Flows and Productivity Growth [J]. Review of Economics and Statistics, 1982, 64: 627 - 634.

[300] Scott W R, Meyer J W. The organization of societal sectors [C]. In Meyer J W, Scott W R (Eds), Organizational environments: Ritual and rationality, Beverly Hills, CA: Sage, 1983.

[301] Scott W R. Institutions and Organizations [J]. Thousand Oaks: CA, Sage Scott, WR (2004): Reflections on a half - century of organizational sociology. Annual Review of Sociology, 1995, 30: 1 -21.

[302] Schumpeter J. Capitalism, Socialism and Democracy [M]. Perennial: NewYork, 1942.

[303] Schumpeter J A. Theory of Economic Development [M]. Cambridge, MA: Harvard University Press, 1934.

[304] Shipilov A V, Li S X. Can you have your cake and eat it too? Structural holes' influence on status accumulation and market performance in collaborative networks [J]. Administrative Science Quarterly, 2008, 53 (1): 73 -108.

[305] Shipilov A, Danis W. TMG social capital, strategic choice and firm performance [J]. European Management Journal, 2006, 24 (1): 16 -27.

[306] Shropshire C. The role of the interlocking director and board receptivity in the diffusion of practices [J]. Academy of Management Review, 2010, 35 (2): 246-264.

[307] Smith W K, Tushman M L. Managing Strategic Contradictions: A Top Management Model for Managing Innovation Streams [J]. Organization ence, 2005, 16 (5): 522-536.

[308] Smith K G, Ken A, Smith J D, et al. Top management team demography and process: The role of social integration and communication [J]. Administrative Science Quarterly, 1994, 39: 412-438.

[309] Song J, Almeida P, Wu G. Learning by hiring: When is mobility more likely to facilitate interfirm knowledge transfer? [J]. Management Science, 2003, 49 (4): 351-365.

[310] Stinchcombe A L. Weak structural data [J]. Contemporary Sociology, 1990, 19 (3): 380-382.

[311] Stock G N, G reis N P, Fischer W A. Absorptive capacity and new product development [J]. Journal of High Technology Management Research, 2001, 12 (1): 77-91.

[312] Subramaniam M, Youndt M A. The influence of intellectual capital on the types of innovative capabilities [J]. Academy of Management Journal, 2005, 48 (3): 450-463.

[313] Tsai W, Ghoshal S. Social Capital and Value Creation: The Role of Intrafirm Networks [J]. Academy of Management Journal, 1998, 41 (4): 464-476.

[314] Tsai W. Knowledge transfer in intraorganizational networks: Effects of network position and absorptive capacity on business unit innovation and performance [J]. Academy of management jour-

nal, 2001, 44 (5): 996 - 1004.

[315] Useem M. Corporate Social and Political Action Research in Corporate and Social Performance and Policy [J]. California Management Review, 1984, 26 (2): 141 - 154.

[316] Useem M, Karabel J. Pathways to top corporate management [J]. American Sociological Review, 1986, 44: 184 - 200.

[317] Uzzi B. Social structure and competition in interfirm networks: The paradox of embeddedness [J]. Administrative science quarterly, 1997: 35 - 67.

[318] Walder A G. Factory and manager in an era of reform [J]. China Quarterly, 1989, 118: 242 - 264.

[319] Walder A G. Workers, managers and the state: the reform era and the political crisis of 1989 [J]. China Quarterly, 1991, 127: 467 - 492.

[320] Wang K Y, Wang Y, Huang K P, et al.. Heterogeneous Networks and Resource Acquisition of SMEs in Emerging Economies [J]. Quality & Quantity, 2012, 46 (5): 1643 - 1657.

[321] Wasserman S, Faust K. Social Network Analysis. [M]. Cambridge, Cambridge University, 1994.

[322] White H C. Where do markets come from? [J]. Advances in Strategic Management, 1981, 17 (2): 323 - 350.

[323] Wiersema M F, Bantel K A. Top management team demography and corporate strategic change [J]. Academy of Management Journal, 1992, 35 (1): 91 - 121.

[324] Williamson O E. The economic institution of capitalism [M]. New York: Free, 1985.

[325] Wincent J, Anokhin S, Örtqvist D. Does network board

capital matter? A study of innovative performance in strategic SME networks [J]. Journal of Business Research, 2010, 63 (3): 265 - 275.

[326] Wu S, Li Y. Is enterprise' alliance network diversity helpful for cooperative innovation? A model of moderated mediator [J]. Nankai Business Review, 2014, 17 (3): 152 - 160.

[327] Wu W Y, Chang M L, Chen C W. Promoting innovation through the accumulation of intellectual capital, social capital, and entrepreneurial orientation [J]. R&D Management, 2008, 38 (3): 265 - 277.

[328] Yang X, Campus N K. Competitive network and competitive behavior: A study of the US. Airline industry [J]. Academy of Strategic Management Journal, 2011, 10 (1): 45 - 63.

[329] Yeung I Y M, Tung R L. Achieving business success in Confucian societies: The importance of guanxi (connections) [J]. Organizational Dynamics, 1996, 25 (2): 54 - 65.

[330] Yuan X N, Guo Z, Fang E. An examination of how and when the top management team matters for firm innovativeness: The effects of TMT functional backgrounds [J]. Innovation, 2014, 16 (3): 323 - 342.

[331] Zaheer A, McEvily B, Perrone V. Does trust matter? Exploring the effects of interorganizational and interpersonal trust on performance [J]. Organization science, 1998, 9 (2): 141 - 159.

[332] Zaheer A, Bell G G. Benefiting from network position: firm capabilities, structural holes, and performance [J]. Strategic Management Journal, 2005, 26 (9): 809 - 825.

[333] Zahra S A, George G. Absorptive capacity: A review, reconceptualization, and extension [J]. Academy of Management Review, 2002, 27 (2): 185 - 203.

[334] Zahra S A. Entrepreneurial Risk Taking in Family Firms [J]. Family Business Review, 2005, 18 (1): 23 - 40.

研究一定要能找到幸福感！

蓦然回首，我已从事研究十余年，在学术道路上不断成长和蜕变的同时，也收获了满满的感动和幸福感。幸福感源于能遇见美好的你们，没有你们就没有思维碰撞下的深度思考，更不可能会有本书的呈现。

感谢北京大学国家发展研究院陈春花教授对于本书出版的鼓励和对研究的无私帮助；感谢中国科学院大学柳卸林教授关于高管和企业创新关联机制的启迪；感谢中国人民大学杨杜教授关于高管群体研究选择的高屋建瓴的方向指引；感谢英国利兹大学宋继文教授关于社会网络研究方法精进提供的宝贵学习机会；感谢中国人民大学刘军教授关于研究方法的改进建议；感谢清华大学罗家德老师关于社会网络方法的指点和帮助；感谢中国人民大学吴武清副教授对于研究集结成书的鼓励；感谢北京联合大学潘月杰老师和知本咨询有限公司刘斌博士对出版提供的帮助和多次研

讨；感谢北方工业大学宁美军博士多次无私分享出版经验。感谢他们对于本书付出的智慧启迪和专业思考。

感谢中国人民大学郑国阳博士对于本书创新投入和企业创新研究、海外社会资本和企业创新研究的部分资料整理和撰写（第3章、第7章）；感谢北京大学国家发展研究院刘超助理研究员对于本书高管异质性行业连接、高管政府和学术资本协同研究的方法讨论（第4章、第6章、第7章）；感谢中国人民大学吴伟博士对于本书高管团队多样性资料的收集和整理（第3章）；感谢中央财经大学杨虎副教授对于协同研究的讨论（第6章）；感谢哥伦比亚大学硕士陈瑀对于海外社会资本资料的整理（第7章）。感谢他们参与研究的深度思考和多次研讨。

感谢中国财政经济出版社会计分社樊清玉社长，她在整个出版过程中亲自跟进，其间表现出来的高效能工作习惯、敬业态度和专业精神，让我钦佩不已。

最后感谢亲爱的家人对我科研的大力支持，感谢父母的包容和疼爱，感谢公婆的配合和担当，感谢爱人蒋德怀的成就和呵护，感谢姐姐和姐夫在我多年求学路上的关怀和照顾，感谢女儿的乖巧和爱护！因为家人的温暖和无私关爱，让我感受到生命关联的美妙和生活的真谛！

感谢在美好的生命长河中，有缘遇到如此美好的你们！未来，我会珍视生命中的每一次遇见！人生虽短，愿能不负美好，时时归零前行……

朱丽　北大艺园

2020年7月30日